KB183966

포스트 AI 시대
잉여인간

포스트 AI 시대
잉여인간

문호성 지음

MOABOOKS 모아북스

과거의 아날로그 시대는 지고

새로운 디지털 경제 시대가 도래하며

먼 미래가 아닌 현재는 위기로

우리 곁에 다가오고 있습니다.

아무도 예상 못한 3년간의 코로나 사태가
전 세계에 비대면 라이프스타일로의 전환을 앞당긴 후,
세계 경제는 하루가 다르게 변화하고 있으며
과거의 방식에서 벗어나
이제 다가온 미래를 직시해야 합니다.

지금 현재 일어나고 있는 인공지능 혁명의

현상들을 살펴보면 더 이상

영화 속 이야기가 아니게 되었음을

알 수 있습니다.

인공지능이 인간의 웬만한 역할들을
대체하게 될 것이며 인간은 인공지능에 의해
교체될 수 있는 최하층 계급
'잉여 인간' 으로 전락할 것입니다.
먼 미래의 허황된 이야기가 아니라
이 변화의 속도는 상상을 초월할
정도로 빠르게 진행되고 있습니다.

세상은 매번 놀라운 혁신과 함께 변해가며,

지금은 4차 인공지능 혁명의 시대입니다.

지난 30년간의 혁신이 과거 3000년 동안의
진보보다도 더 빠르고 위협적이며
이 대전환 시대에 인간이 잉여인간으로
전락하지 않기 위해서는
현명한 도구를 선택하고 활용해야 합니다.

인간은 인공지능을 뛰어넘는

능력을 지녀야 생존할 수 있습니다.

이제는 올바른 선택과 클릭을 할 필요가
있으며 나에게 이익을 주는 플랫폼을 클릭하고
연결하고 소유하며 통찰력과 창의력,
상상력과 공감 능력으로 인간만의 고유한
연결망을 만들어야 합니다. 그리하여 종속되는 삶이
아닌 주도적인 삶을 영위할 수 있습니다.

위기를 기회로

2024년 11월 말. 책을 쓰다 잠시 서재의 창가를 열어보니 나무들이 겨울을 준비하는 모습이 보입니다. 마지막 잎새가 보입니다.

겨울이 오면 나무들도 살기 위해 자신의 일부인 잎들을 정리하는 지혜가 있는데, 만물의 영장인 사람도 추운 겨울을 이겨내기 위한 준비를 해야 하지 않는가? 하는 생각이 듭니다.

우리 앞에 디지털 경제의 쓰나미가 오고 있습니다. 아날로그 경제의 진짜 겨울이 오고 있습니다.

'Winter is coming'

뭔가를 준비할 때가 오고 있습니다.

하지만 많은 이들이 아날로그 경제의 겨울이 오고 있는 것을 보지 못하는 것 같습니다. AI 인공지능 혁명이 무섭게 일어나며 사회 곳곳에 침투하고 점차 인간이 필요 없는 세상이 만들어지고 있는데, 이 위험을 인지하지 못한 채 그냥 열심히 하루하루 살아가는 모습이 마치 나뭇가지에 매달려 있는 마지막 잎새처럼 보이는 이유는 무엇일까요?

새로운 디지털 경제의 시대가 도도히 펼쳐지고 있는데도 대부분의 사람들은 이러한 시대 흐름을 파악하지 못하고 눈앞의 아날로그 경제 흐름만 보고 잘못된 의사결정을 해서 낭패를 보고 있습니다. 그것을 보면서 참으로 안타까웠습니다.

메가트렌드와 마이크로트렌드의 변화를 감지하지 못한 채 과거의 방식으로 그저 하루하루 열심히 사는 것만으로 나의 미래가 좋게 변하길 바라는 사람들도 많이 봤습니다. '열심히 살다 보면 그래도 먹고는 살겠지' 라는 막연한 희망을 가진 사람들도 적잖게 봅니다. 참 안타깝습니다.

상상을 초월한 4차 산업혁명의 도래

지금 진행되고 있는 AI 혁명이 가져올 미래사회에는 인간이 필요 없는 잉여인간(아무 데서도 어떠한 역할을 하지 못하는 쓸모없는 사람)의 시대가 될 것이라고 합니다. 이 시점에서 여러분은 무엇을 준비하고 계십니까? 준비가 되어 있지 않다면 당신의 미래는 어떤 결과로 나올까요?

저는 이러한 화두를 가지고 이 책을 쓰기 시작했습니다.

AI 혁명에 대한 구체적인 언급은 2016년 세계경제포럼(다보스포럼)에서 클라우스 슈밥(Klaus Schwab) 회장의 기조연설에서 나왔습니다. 연설은 4차 산업혁명이라는 주제를 중심으로 이루어졌습니다. 이 연설은 기술 혁명과 그로 인한 경제적, 사회적 변화에 대한 심도 깊은 논의였으며, 다음과 같은 주요 내용들이 포함되었습니다.

슈밥 회장은 4차 산업혁명(Fourth Industrial Revolution)이 이미 진행 중이며, 그 속도와 영향을 우리는 제대로 인식하지 못하고 있다고 경고했습니다. 이는 인공지능(AI), 사물인터넷(IoT), 로봇공학, 자율주행차, 3D 프린팅, 블록체인과 같은 혁신적 기술들이 융합되어 이루어지는 변화입니다. 4차 산업혁명은 디지털화, 자동화, 네트워크화의 특징을 가지며, 이는 생산, 소비, 고용, 교육 등 사회 전반에 걸쳐 혁신적인 변화를 일으킬 것입니다.

슈밥 회장은 기술 혁신의 속도와 그 규모가 과거 어느 때보다 빠르고 폭넓게 이루어지고 있다고 강조했습니다. 과거 산업혁명들은 수십 년에 걸쳐 이루어졌지만, 4차 산업혁명은 몇 년 내에 급격하게 진행되고 있으며 특히, 디지털 기술의 발전 속도는 예상을 뛰어넘으며, 이는 산업뿐만 아니라 사회적 구조와 문화에도 깊은 영향을 미칠 것입니다.

그는 기술과 인간의 협력을 강조했습니다. 기술이 인간의 역할을 대체하는 것이 아니라, 인간과 기술이 협력하여 더 나은 미래를 만들 수 있다는 점에 중점을 두었습니다. 하지만 이 과정에서 기술이 인간을 대체하거나 일자리의 급격한 변화를 일으킬 수 있다는 우려도 제기되었으며, 이를 해결하기 위한 교육과 재훈련이 중요하다고 언급했습니다. 이번에 오는 4차 산업혁명은 경제적 불평등을 심화시킬 위험이 있다고도 경고했습니다.

또한 이 혁명은 기존 일자리의 변화를 초래하고, 새로운 일자리를 창출하는 동시에 기존 직업군의 역할을 감소시킬 수 있다는 점에서 사회적 안전망과 사회적 계약의 중요성이 강조되었습니다. AI와 같은 고도화된 기술이 인간의 존엄성을 해치지 않도록 하는 규범이 필요하며, 기술의 민주화와 공정한 접근을 보장해야 한다고 말했습니다. 4차 산업혁명은 국경을 초월한 문제이기 때문에, 국제사회의 협력이 필요하다고 슈밥 회장은 강조했습니다.

이렇게 4차 산업혁명은 단순히 기술적인 변화에 그치지 않으며, 사회적, 경제적 구조 전반에 걸쳐 변화를 일으킬 것이라고 예고되었습니다. 그 후 7년이 지난 2022년 11월에 인공지능 챗 지피티(chat GPT)가 세상에 나오면서 슈밥 회장이 경고하며 준비하라는 것들이 사회적 안전장치 없이 성큼 우리들 세상 속으로 다가왔습니다. 인공지능의 역습이 시작된 것입니다.

40년의 경제지식 노하우를 담아낸 책

경제적 자립과 시간적 자유를 꿈꾸는 독자 여러분, 저는 트렌드 분석가입니다. 1981학번으로 한양대 건축공학과를 나와 삼성에 입사, 12년간 건설업계에서 활동하면서 상암동 월드컵경기장 프로젝트에도 참여했고 대한민국 제1호 할인매장인 분당 이마트도 지어보면서 유통산업의 트렌드를 알게 되었습니다.

또한, 자본주의 사회에서는 각자의 지성과 인성보다는 자본이 주인행세를 한다는 것을 깨닫고 35세에 네트워크마케팅 분야에 뛰어들어

41세에는 경제적인 독립을 선언하며 삼성을 그만둘 수 있었습니다. 어느 정도 자본을 모으게 된 후 2003년 부동산 개발업 대표가 되어 큰돈도 벌어 보고, 그 후 교육 회사 대표로 영재를 키우는 것이 국가 발전에 도움이 된다는 신념으로 교육 사업에도 다년간 종사했습니다.

평생의 삶을 통해 경험하고 연구하고 정리한 노하우를 집대성하여 성공대학을 만들고자 합니다. 이 성공대학은 디지털 자본주의 시대의 통찰력을 키워 격변하는 시대에서 잘 살아남고, 나아가 돈의 노예가 아닌 주인이 되어 부자로서 삶을 누릴 수 있는 방법을 배우는 과정으로 구성 중입니다.

무엇보다도 약 30년 전부터 성공의 법칙과 부자가 되는 원리를 연구하고 수많은 책과 강연을 들으면서 노트에 정리하고 그 법칙들을 실행에 옮기기 시작하였습니다.

지난 10년간 유튜브 강의를 통해 얘기했던 내용이 현실로 다가오면서 1년 전부터는 그것을 구체화하는 작업으로 책을 출간해야겠다는 결심을 하였습니다.

2024년 9월 광주 강연회에서 돌아오는 KTX 열차 안에서 이제 본격적으로 디지털 자본주의 시대에 대한 생존법을 책으로 써서 많은 이들과 공유해야겠다는 생각으로 책을 쓰게 된 것입니다. '내가 생각하는 것들을 이렇게 그냥 강의만 해서는 사람들에게 임시로 기억되었다가 잊혀버릴 수도 있겠구나. 소리는 흩어져 결국 없어지지만 책을 쓰면 활자로 기록되니까 근거가 되어 남을 수 있겠구나' 라는 생각에 용기를 냈습니다.

저는 치열하게 쉼 없이 열심히 살아왔습니다. 그 끝에 깨달은 것은 과거의 방식대로 열심히 사는 것만으로는 성공자의 삶, 부자의 삶을 살 수 없다는 슬픈 사실입니다. 그러나 지금부터 진지하게 미래의 디지털 경제, 디지털 자본주의 세상 속으로 들어가 저와 함께한다면 누구나 삶의 주인으로 살 수 있을 것이라고 자신합니다.

문호성

◆ ◆ ◆

1장 아날로그 경제는 아웃

과거의 아날로그 시대가 지고 새로운 디지털 경제 시대가 도래했음을 이제 우리 주변에서, 일상생활에서 쉽게 경험할 수 있게 되었습니다. 먼 미래가 아닌 지금은 현재의 위기로 이미 다가온 것입니다. 아무도 예상 못한 코로나 사태가 비대면 라이프스타일로의 전환을 앞당긴 후, 세계 경제는 하루가 다르게 변화하고 있습니다. 이러한 변화의 징후를 관찰하고 읽어낼 수 있어야 합니다.

2장 잉여인간의 시대

각종 공상과학영화에서 로봇이 인간을 지배하는 섬뜩한 장면을 묘사했었지만, 지금 현재 일어나고 있는 인공지능 혁명의 현상들을 살펴보면 더 이상 영화 속 이야기가 아니게 되었음을 알 수 있습니다. 인공지능이 인간의 모든 역할들을 대체하게 될 것이며, 인간은 인공지능에 의해 교체될 수 있는 잉여인간으로 전락할 것입니다. 변화의 속도는 상상을 초월할 정도로 빠르게 진행되고 있습니다.

3장 인류 역사는 도구 선택의 역사

인류 문명이 싹튼 이후 놀라운 혁신이 역사를 이끌어왔습니다. 1차 농업혁명에 의한 농경시대의 발전, 2차 산업혁명에 의한 산업화시대의 도래, 3차 정보혁명에 의한 정보화 시대를 거쳐, 지금은 4차 인공지능 혁명이 일어나고 있습니다. 지난 30년간의 혁신이 과거 3000년 동안의 속도보다도 더 빠르고 위협적입니다. 그렇다면 이 대전환 시대에 인간이 잉여인간으로 전락하지 않기 위해서는 어떻게 생존해야 할지에 대한 화두를 던집니다.

4장 무엇을 준비해야 하는가?

인공지능이 글을 써주고 영화를 만들어주고 공장 노동과 자동차 주행까지 대신해주게 된 이 시대에 인간은 인공지능을 뛰어넘는 능력을 지녀야 생존할 수 있습니다. 그러기 위해서는 제대로 된 올바른 선택과 클릭을 할 필요가 있습니다. 나에게 이익을 주는 플랫폼을 클릭하고 연결하고 소유해야 합니다. 통찰력과 창의력, 상상력과 공감 능력으로 인간만의 고유한 연결망을 만들어야 합니다. 그리하여 종속되는 삶이 아닌 주인이 되는 삶을 영위할 수 있을 것입니다.

차 례

1장 아날로그 경제는 아웃

2장 잉여인간의 시대

3장 인류 역사는 도구 선택의 역사

AI

1장

아날로그 경제는 아웃

"

인간의 일자리 20억 개가 사라지는 시대,
인공지능이 장악하는 시대가 오고 있습니다.
과거 수십 년간 배운 여러 생존 방식을 앞으로는
써먹지 못하는 시대가 왔다는 것을 인식해야 합니다.
오프라인 할인매장은 곳곳에서 폐업을 하고 있으며,
자영업자들도 줄줄이 폐업을 하고 있습니다.
이러한 변화를 자식들과 주변 사랑하는 친구들에게
정확히 알려주지 않는 것은 직무유기입니다.

"

01

사회 곳곳에서 나타나는 아날로그 경제의 종말

새로운 산업 생태계의 도래

다비치연구소 소장인 미래학자 토마스 플레이는 앞으로 2030년이 되면 일자리 20억 개가 사라질 것이라고 했습니다. 많은 미래 학자들이 2045년에는 AI 로봇이 완전히 장악하는 산업 생태계가 정착될 것이라고 예견하고 있습니다.

그러나 우리는 이러한 변화를 먼 미래의 일로 치부하고 실질적으로 준비를 하지 않고 있으며 우리의 후손에게도 준비를 시키지 않고 있습니다. 이러한 변화를 자식들과 주변 사랑하는 친구들에게 정확히 알려주지 않는 것은 어른으로서 직무유기라고 봅니다.

오프라인 할인매장은 곳곳에서 폐업을 하고 있으며, 종로, 강남 등 중심 상권에서 수십 년간 자영업을 하던 자영업자들도 줄줄이 폐업을 하고 있는 모습을 볼 수 있습니다. **과거에 배운 여러 생존 방식을 앞으로는 써먹지 못하는 시대가 왔다는 것을 인식해야 합니다.**

옛날은 다시 오지 않는다

옛날에는 명동, 종로, 강남 등 목 좋은 상권들은 경기가 안 좋아도 장사가 잘 되는 편이었습니다. 그러나 이제는 사정이 완전히 달라졌습니다.

얼마 전 아내와의 추억의 담긴 종로를 나가 보았습니다. 40년 전 대학생 시절 매일같이 수업이 끝나면 종로로 나가 홍청망청 술 마시고 음악다방 가던 때와는 너무나 다른 썰렁한 거리를 보고 깜짝 놀랐습니다. 종로 대로변 상가가 한 집 걸러 공실로 '임대 문의' 표지판이 붙어 있는 것을 보니 격세지감을 느꼈습니다. '최고의 상권도 무너졌으니 다른 곳은 오죽하겠는가' 하는 씁쓸함이 몰려 왔습니다.

과거의 영광과 화려함은 가고 현재의 초라함만 남아 있는 종로의 거리를 거닐다 보니, 필자 또한 옛날의 팔팔한 젊은이가 이제 60이 넘은 늙은이가 되어 걷고 있는 모습이 겹치면서 세월의 무상함을 다시 한번 느끼게 되었습니다.

'아, 옛날이여!'

내 귓가에는 추억의 음악다방에서 흘러나오는 옛 노래들이 아직도 들려오는데 말입니다. 낙엽 따라 가버린 사랑처럼, 바람처럼 사라져 버린 나의 청춘이여!

오프라인 자영업자들의 눈물과 시름

코로나 사태 이후 비대면 생활습관이 고착화되면서 온라인 이커머스 시장은 어마어마하게 성장하고 있습니다. 반면에 오프라인 매장을 운영하는 자영업자의 폐업이 점점 늘고 있는 심각한 상황입니다.

연일 뉴스거리로 쏟아지고 있는 이러한 현상은 장소를 가리지 않고 곳곳에서 벌어지고 있습니다. 소박한 꿈을 갖고 시작한 사업이 절망을 안겨주고, 희망이 아닌 감옥 같이 되어버린 가게에서 눈물을 흘리고 있는 자영업자의 처지가 남 일 같지 않습니다.

반면 온라인을 기반으로 하는 '쿠팡' 같은 이커머스 플랫폼 사업은 날로 성장하고 있습니다. **우리는 이미 과거 아날로그 경제 시대가 끝나가고 인공지능 AI가 탑재된 로봇과 경쟁하는 디지털 경제 시대에 살고 있습니다.**

“

아직도 걸어서 은행에 가고,
장 보러 직접 마트에 가고 있나요? 그렇다면 아마도
당신은 부자의 삶과는 멀어질 것입니다.
물론 디지털 소비로 대체 가능한 좋은 플랫폼을
못 만났으면 어쩔 수 없겠지요. 그러나 나에게 이익을
공유하는 디지털 소비가 가능한 곳이 찾아보면
많습니다. 그렇다면 기꺼이 빨리 디지털 소비 쪽으로
넘어가야 되지 않겠습니까?

”

02 새로운 산업의 출현은 새로운 기회의 땅

과거의 지식은 이제 무용지물

우리가 과거에 배웠던 모든 것이 이 디지털 경제 사회에서는 대부분 무용지물이라는 사실을 떠올리면 서글퍼집니다. 막막하기도 합니다.

그러나 이대로 남은 인생을 그냥 허망하게 보내기에는 너무 아쉽지 않나요? 새롭게 시작해야 합니다.

저는 확신이 있습니다. 이 책을 읽고 계신 분들은 디지털 자본주의 시대에 살아남고 최종적으로 승리자가 되어 디지털 경제 시대의 신흥 부자가 될 것이라고 확신합니다. 과거의 영광은 이제 잊어야 합니다. 흐르는 강물에 띄워 보내세요. 과거의 지식을 다시 써먹을 수 있을 것이라는 생각을 버리세요.

이미 아날로그 경제는 지고 디지털 경제의 시대입니다.

디지털 경제와 디지털 자본주의의 등장

이런 모든 변화에는 위기도 있지만 기회도 있습니다. 그것은 바로 새로운 산업이 뜨는 기회입니다.

영화 산업에서는 '넷플릭스' 가 OTT 서비스 산업을, 요식업에서는 '배달의 민족' 이 배달업을 탄생시켰습니다. 유통업은 오프라인 대형 할인마트에서 '쿠팡' 으로, 은행은 '카카오뱅크' 로, 중고차는 '헤이 딜러' 로, 여행사는 '인크루즈' 로, 택시 산업은 '우버' 로, 호텔 숙박업은 '에어비앤비' 로 주역의 자리가 이동했습니다.

이렇게 보이지 않는 연결망의 플랫폼들이 그 업종의 주역으로 변한 것입니다.

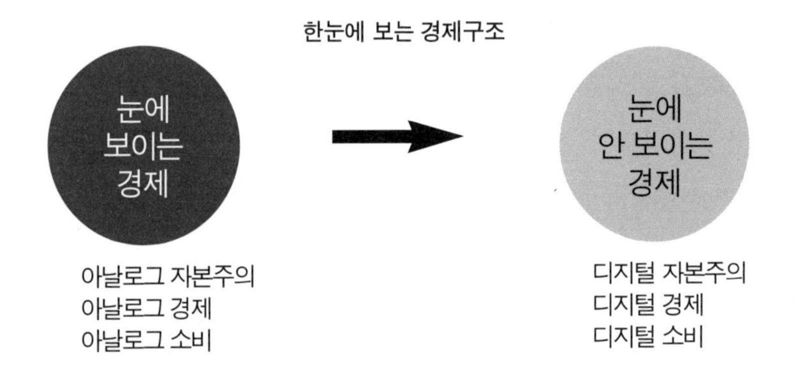

눈에 보이는 경제에서 눈에 안 보이는 경제로의 이동

새로운 디지털 가상공간에서 새로운 산업이 나오면서 새로운 기회도 오고 있습니다. 결국은 아날로그 자본주의(analogue capitalism)의 '눈에 보이는 경제(visible economy)'에서 디지털 자본주의(digital capitalism)의 '눈에 안 보이는 경제(invisible economy)'로, 소비자도 아날로그 소비에서 디지털 소비로 변해가고 있습니다.

여러분은 지금 아날로그 소비를 많이 하십니까, 디지털 소비를 많이 하십니까? 아직도 걸어서 은행에 가고, 장 보러 직접 마트에 가고 있나요? 그렇다면 아마도 부자의 삶과는 멀어질 것입니다.

카카오뱅크 매장을 보신 적 있나요? 카카오뱅크는 은행이지만 매장은 존재하지 않습니다. 매장이 없으니 눈에는 안 보입니다. 카카오뱅크는 우리 손안의 스마트폰에 존재합니다. 스마트폰에서 은행 업무를 수행하는 것입니다. 눈에 보이는 오프라인 은행은 없어도 가상공간에서 업무를 처리하는 온라인 인터넷 은행이 존재합니다. 즉 디지털 경제에서는 보이지 않는 것을 볼 줄 아는 힘이 필요합니다.

물론 디지털 소비로 대체 가능한 좋은 플랫폼을 못 만났으면 어쩔 수 없겠지요. 그러나 나에게 이익을 공유하는 디지털 소비가 가능한 곳이 찾아보면 많습니다. 그렇다면 기꺼이 빨리 디지털 소비 쪽으로 넘어가야 되지 않겠습니까?

디지털 경제의 시대로 변한 것을 더 이상 회피할 수 없습니다. 시대의 변화를 부정할 수 없습니다. 이러한 변화의 물결은 한 나라만이 아니라 이제 국경을 넘어서 지구촌 전체에 도래하고 있습니다.

전 세계가 눈에 보이는 경제에서 눈에 보이지 않는 경제로 변화하고 있습니다. 눈에 보이지 않는 경제가 점점 더 커지는 이 시대를 '디지털 경제 시대', '디지털 자본주의 시대' 라고 정의할 수 있습니다.

전 세계가 눈에 보이는 경제에서

눈에 보이지 않는 경제로

하루가 다르게

변화하고 있습니다.

“

디지털 자본주의 시대에는 개개인의 역량,
능력에 따라 성공의 여부가 결정되지 않습니다.
열심히 노력하는 것만으로 무슨 자격증 따듯이
성공하기란 무척 어렵게 환경이 변해버렸습니다.
디지털 경제 시스템 속에서는 어떤 플랫폼을 선택하고
연결하는가가 우리의 운명을 완전히 바꿔줍니다.

”

03

디지털 경제 시대의 핵심 키워드

능력만큼 성공하는 시대는 지났다

앞으로 펼쳐질 미래 사회인 디지털 자본주의 세상에서 가장 중요하게 인식해야 할 키워드는 바로 다음과 같습니다.

연결과 공유
상생과 나눔
클릭과 락인(LOCK-IN) 효과

위의 키워드들을 꼭 기억하시기 바랍니다.

디지털 자본주의 시대에는 여러분의 개인적 역량, 즉 능력에 따라 성공의 여부가 결정되는 것이 아니라는 점을 먼저 깨달아야 합니다.

그러면 무엇이 우리의 운명을 바꾸어줄까요? 그것은 **디지털 경제 시스템 속에서 어떤 플랫폼**(digital economy platform)**을 선택하고 연결하는가 입니다.**

무작정 노력하기보다 제대로 된 선택을 하라

즉 좋은 선택을 하는 역량과 좋은 클릭을 하는 능력에 당신의 미래가 달린 것입니다. 여기에서 꼭 주목해야 할 점은, 이제 개개인의 능력에 의해 부유해지거나 그냥 열심히 노력하는 것만으로 무슨 자격증 따듯이 성공하기란 무척 어렵게 환경이 변해버렸다는 점입니다.

요즘 은퇴한 50~60대가 노량진 고시촌에서 다시 자격증을 따기 위해 몰린다는 뉴스를 들으면서 마음이 짠해졌습니다. 물론 제2의 인생을 준비한다는 취지는 좋습니다. 문제는 지금의 시대에서 예전의 방식과 노력은 근본적인 해결책이 아니라는 점입니다.

이제는 '얼마나 노력하느냐' 보다 '어떠한 선택을 하는가, 어떤 것을 클릭하느냐' 가 우리의 운명을 결정하는 시대입니다. **좋은 선택을 할 수 있는 안목을 키우는 것이 실질적인 인생 2막을 준비하는 방법임을 꼭 기억하시길 바랍니다.**

얼마나 열심히
노력하느냐보다
무엇을 선택하느냐가
당신의 운명을
결정합니다.

“

과거 문명의 표준에 집착하다가는 일자리도
잃게 되고, 무엇을 해도 성공하기 어렵습니다.
이제 전 세계 시장 생태계는 완전히 달라졌습니다.
전 세계 인구의 80%가 스마트폰을 쓰고 있는
이 시대에는 공급자가 아니라 스마트폰을 사용하는
시민이 권력자입니다. 그야말로 스마트폰으로
모든 것을 할 수 있는 ‘포노 사피엔스’ 의 시대가
온 것입니다.

”

04

신인류 '포노 사피엔스'의 등장

스마트폰 시대의 디지털 경제 주역

《포노 사피엔스》의 저자인 성균관대 최재붕 교수는 자신의 저서를 통해 디지털 시대의 신인류에 대해 다음과 같은 이야기를 하였습니다.

"인간이 크로마뇽인에서부터 5만 년의 진화 과정을 거쳐서 호모 사피엔스 즉 현생인류가 출현하게 되는데요, 최근 15년 만에 완전히 세상 판도를 바꾼 인류가 새롭게 등장하게 됩니다. 그게 뭐냐? 포노 사피엔스(phono sapiens)라는 겁니다. 포노 사피엔스라는 것은 무엇일까요? 정확히 말하면 포노 호모사피엔스입니다. 스마트폰을 신체의 일부처럼 인식하고 하루 종일 사용하는 신인류를 말합니다. 최근 디지털 경제에서 뜨는 기업들을 보니까 그 뒤에 포노족(phono-族)이 있다는 겁니다. 이 신인류 포노족들의 특징은 제 막내딸을 포함해서 요즘 신세대들은 기계 사용설명서를 안 쥐어줘도 다 알아서 스마트폰 등을 비롯한 각종 기기를 잘 작동합니다. 기존 호모 사피엔스인 우리들은 설명서를 받아도 잘 못하는데. 그런데 신세대들은 이 신문명을 아니까 포노족으로서 신생 플랫폼 기업들을 받쳐주더라는 이야기입니다. 여러분은 페이스북 하나요? 인스타그램 하시나요? 해외 직구는 하시나요? 포노족들은 은행 업무 볼 때 은행에 안 가요. 더 이상 물건 사러 마트에도 가지 않습니다. 그냥 알아서 뭐든지 검색해서 삽니다. 앉아서 전 세계 사이트를 다 뒤져서 해외 직구 최저가를 찾아냅니다."

바로 이러한 경제활동과 정보화 시대의 활동을 요즘의 '포노족' 은 이미 몸에 배어 생활하고 있다는 것입니다.

요즘 뜨는 기업 뒤에는 포노족이 있다

최재붕 교수에 의하면 요즘의 '포노 사피엔스' 를 표준 인류로 간주해서 만들어진 세계 10대 기업 중에 7개 기업의 플랫폼이라고 합니다.

예를 들어 '아마존' 은 매장도 직원도 없이 오더를 받으면 물류센터에서 물건을 분류하기 시작하는 시스템인데, 신인류 포노 사피엔스 입장에서 보면 자연스러운 표준이라는 것입니다. 우리나라에서도 '우버' 같은 서비스로 인해 택시업계에서 갈등이 큰데, 최근에는 우버와 같은 서비스를 이용하는 미국에서 이런 플랫폼 기반의 정보와 기술을 사용하면서 더 이상 차를 잘 안 산다고 합니다.

즉 과거 문명의 표준에 집착하다가는 일자리도 잃게 되고, 기존에 가지고 있던 시장의 생태계는 다른 대륙의 생태계와는 달라질 수밖에 없다는 것입니다. **전 세계 인구의 80%가 스마트폰을 쓰고 있는 이 시대에는 공급자가 아니라 스마트폰을 사용하는 시민이 권력자가 되는 변화가 도래했음을 강조하고 있습니다.**

스피드 팩토리, 스마트 팩토리

최재붕 교수는 다음과 같은 개념에 대해서도 설명하였습니다.

"생산기업의 생산 현장에서도 변화가 있습니다. 스피드 팩토리(speed factory), 스마트 팩토리(smart factory)라는 새로운 개념이 바로 그것입니다. 과거처럼 쓸데없이 물건을 만드는 것이 아니라, 모든 생산 설비가 소비자가 선택한 모델만 생산할 수 있도록 시스템이 바뀝니다. 10명

정도의 소수 직원만 근무하며, 고객이 스마트폰 인터페이스에서 클릭하여 주문하는 순간 그에 맞춘 맞춤형 생산을 하도록 공장 설비와 직원이 효율적으로 움직입니다. 즉 고객에게 사무국의 관리 권한이 넘어가 있다는 것을 인정한다는 것입니다.

과거에는 광고에 심혈을 기울이는 경우가 많았는데 지금은 광고해봤자 고객이 더 이상 광고 보고 물건을 사지 않습니다. 이제는 인플루언서(influencers)가 좋다고 하면 고객이 소비를 결정하기 때문에 더 이상 광고가 소용이 없다라는 겁니다. 결국 우리 기업들도 경영의 방식 제도의 방식, 소비의 방식 이 모든 것들에 다른 답들을 내놓고 있는 시대가 되었다는 것이 우리가 사는 현실의 변화입니다."

최재붕 교수의 이야기처럼 요즘 현대인은 더 이상 광고를 보지 않습니다. 공영방송의 저녁 9시 뉴스도, 뉴스 사이의 광고를 보고 물건을 사지도 않는다는 것입니다.

고객의 권리를 인정해야 생존한다

옛날에는 자본을 가진 사람이 독식해서 가격도 결정하고 자기 마음대로 상품에 마진을 붙여서 팔았습니다. 그런데 **디지털 경제 시대에는**

직거래 형태로 환경이 바뀌어 소비자들이 스스로 선택하는 시대가 되었습니다.

간단히 말해, 소비자에게 권력을 다 내어주는 기업이 앞으로는 성장할 수 있고 성공할 수 있습니다. 상품 시장이 아니라 금융 시장으로 변화해가고 있습니다. 미래학자들은 상품에 마진을 붙여서 파는 시대는 곧 끝날 것이라고 예견했는데, 그 시대가 생각보다 일찍 와버렸습니다. 그런 샘플 모델들이 하나씩 나타나고 있는 것이 그 증거입니다.

그렇다면 여러분에게 묻고 싶습니다. 포노 사피엔스 시대가 도래하여 소비자가 막강한 권력을 쥐었는데 여러분은 그 권력을 제대로 이용하고 계십니까? '클릭의 권리'를 제대로 이용하고 계십니까?

지구 전체가 거대한 플랫폼 환경에서 스마트폰으로 약 70억 명이 묶여 있는데 불행하게도 그 70억 명이 그냥 아무 생각 없이 클릭을 하고 있습니다. 생산적이고 소득이 되는 클릭이 아니라 아무 생각 없이 그냥 생존적 클릭을 하고 있으니 참 안타까운 현실입니다.

“

이제는 국경을 초월한 경쟁력을 가져야 부자가
될 수 있습니다. 그 경쟁력을 키울 수 있는 가장 강력한
무기는 바로 여러분이 지금도 손에 들고 있는
스마트폰입니다. 슈퍼컴퓨터와 같은 스마트폰으로
당신은 무엇을 하시겠습니까? 막강한 최첨단 무기를
가지고도 잡담과 게임만 하시겠습니까?
누구나 지금부터 시작할 수 있습니다.

”

05

손안의 슈퍼컴퓨터로 '카톡'만 할 건가요?

당신에겐 이미 '돈 버는 무기'가 있다

1998년도에 개봉한 〈접속〉이란 영화를 기억하십니까? 그때만 해도 멀리 떨어진 사람과 인터넷 채팅으로 소통하는 장면이 나올 때 굉장히 신기했던 기억이 있습니다. 그러다 2007년 스마트폰이 나오면서 무선 연결이 실현되어 유선으로부터 자유로워지기 시작합니다. 이 스마트폰을 통해서 한국에서만이 아니라 전 세계인이 소통할 수 있게 되었습니다.

그리고 이제는 제4차 혁명 시대로 빠르게 진화하고 있습니다. 정보화 사회가 일상이 된 것입니다. 결국 우리는 원치 않아도 포노 사피엔스(phono-sapiens) 시대의 인류가 되어 스마트폰 하나만으로 선택과 클릭만 하면 돈을 벌 수 있는 세상, 즉 디지털 자본주의 시대를 맞이하였습니다.

전 세계 80억 인구를 대상으로 비즈니스를 할 수 있는 손안의 도구가 생긴 것입니다. 활이나, 총, 미사일보다 더 강력한 힘을 가진 '슈퍼컴퓨터' 가 개개인의 손안에 들어온 셈입니다.

스마트폰, 제대로 사용하면 부자 될 수 있다

우리가 매일 사용하는 스마트폰의 용량은 예전에 아폴로 13호를 달에 보낸 슈퍼컴퓨터의 몇십 배에 달합니다. 중요한 건 이 스마트폰이라는 막강한 무기이자 권력이 주어졌는데도 불구하고 사용자들이 올바르게 행사하고 있지 못하다는 점입니다. 누구도 이 슈퍼컴퓨터를 올바르게 활용하는 법을 가르쳐준 적이 없기 때문에 우리는 기껏해야 하루 종일 지인과 안부 인사나 주고받고 인터넷 검색만 하고 있습니다. 이제는 이러한 습관을 완전히 바꿔야 합니다.

그렇다면 스마트폰을 잘 활용하는 포노 사피엔스로 거듭나고 더 나아가 AI 사피엔스로 진화하여 '잉여인간' 이 되지 않고 살아남으려면 무엇을 알아야 할까요?

유통 분야의 디지털 경제 가속화 현상

예전에는 한 국가, 한 지역사회에서만 경쟁하면 되었는데 지금은 글로벌 무대에서 경쟁하는 디지털 시대가 되었습니다. 전 세계를 상대로 확장하고 있는 빅테크 기업들의 플랫폼 출현이 바로 글로벌 무한 경쟁 체계를 만들어 버렸고, 이제 '알리 익스프레스' , '아마존' 등과 가격 경쟁을 해야 하는 세상이 된 것입니다.

실제로 아날로그 할인 매장들(국내 대표기업인 이마트, 롯데마트)은 현재 더 고전하는 상황이고 생존조차 위협받고 있습니다. 물론 국내 온라인 이커머스 업체끼리도 경쟁에서 밀리고 있어 생존을 위한 대책을 강구 중인 것이 현실입니다.

이제 국경이 사라지고, 무한 경쟁을 해야 하는 냉혹한 현실에서 1등만 살아남는 처절한 상황을 버티지 못하고 역사 속으로 사라지고 있습니다. 글로벌 넘버원 회사들의 출현 앞에서 경쟁력을 못 갖추면 우리나라 대기업도 생존하기 어려워질 것입니다.

국경을 초월한 경쟁력이 필수

글로벌 무한 경쟁 체제에서 최적화된 1등 기업만 살아남는 사례는 이제는 골목 상권에서도 볼 수 있습니다. 예전에는 한국인도 베트남에서 소스만 수입해서 베트남 국수 장사를 할 수 있었습니다. 그러나 지금은 그렇게 하면 망합니다. 베트남 사람들이 한국에 와서 베트남 현지 재료를 가져와 서비스하기 때문입니다. 손님을 응대할 때는 통역 필요 없이 키오스크(무인 정보 단말기)를 통해 주문을 받으면 주방에 주문 접수, 모니터에는 베트남어로 자동 번역해서 주문 내역이 주방에 뜨는 환경이 마련되어, 언어의 장벽도 뛰어넘게 되었습니다.

이제는 굳이 베트남에 가지 않고도 한국에서 베트남 현지의 맛 그대로의 베트남 쌀국수를 먹을 수 있습니다. 디지털 디바이스로 모든 서비스가 가능한 시대가 되었기 때문에 한국말을 할 줄 모르는 베트남 현지인도 직접 한국에서 매장을 차려서 아무런 불편 없이 장사를 할 수 있는 세상이 된 겁니다. 이는 키오스크라는 디지털 디바이스가 널리 보급되었기 때문에 가능해진 일입니다. 따라서 이런 시대에 자영업자들도 국경을 초월해 경쟁력을 가져야만 살아남을 수 있습니다.

국경을 초월한

경쟁력 없이는

골목 상권도 대기업도

살아남기

어렵습니다.

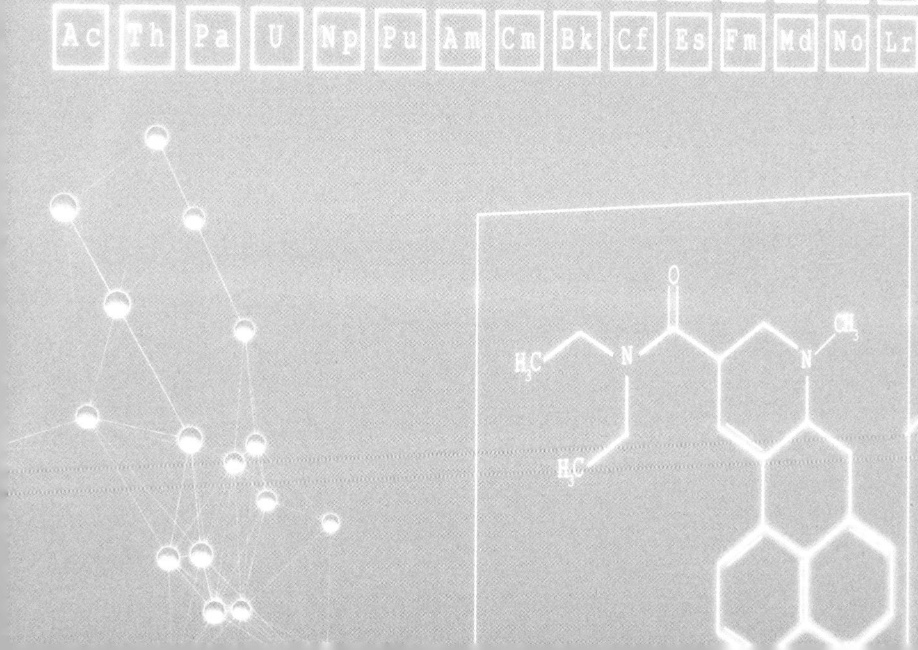

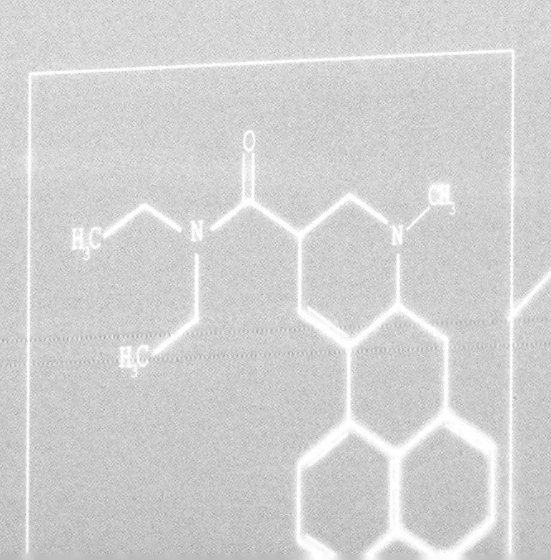

“

코로나 사태는 3년 만에 인류의 생활 패턴을 완전히
바꿔놓았고, 비대면 경제를 기반으로 하는
비즈니스는 폭발적인 성장을 기록하였습니다.
코로나 사태는 전 세계를 디지털 경제로 가속시키는
액셀러레이터 역할을 하였습니다.
그러니 옛날 생각만 하면서 ‘나도 장사나 해볼까?’ 하고
생각한다면 당장 그만두시기 바랍니다.
달라진 세상을 읽어내어야 합니다.

”

06

인공지능 시대를 앞당긴 코로나 사태

전 세계는 코로나 이전과 이후로 나뉜다

인공지능 시대를 앞당긴 결정적인 사건은 바로 전 세계를 강타한 2020년 코로나 팬데믹 사태입니다. 코로나 사태는 우리의 생활습관을 완전히 뒤바꿔 놓은 전환점이었습니다. 코로나 팬데믹 전염병의 공포 속에 어쩔 수 없이 강제적으로 3년 동안 대면 접촉이 제한받는 초유의 상황을 초래하여 오프라인 접촉의 경제 체계에서 온라인 비대면 경제로의 급속한 변화를 빠르게 앞당긴 방아쇠가 되었습니다.

이로 인한 인공지능 AI 혁명은 숙박업, 자동차산업, 유통산업은 물론 헬스케어 산업, 금융산업, 의료산업, 교육산업 등 산업 전반으로 빠르게 퍼졌습니다. 미처 대비할 시간도 안 주고 빠르게 변화하며 인공지능의 역습이 본격화된 것입니다.

코로나 사태로 굳어진 비대면 생활습관은 2023년 펜데믹이 종료한 후에도 이어졌습니다. 우리의 생활방식은 완전히 바뀌어, 밖이 아닌 집에서 '혼밥, 혼술' 도 하고, 그에 따라 배달음식 문화가 일반화되었습니다. 밤늦게까지 불야성을 이루던 강남, 홍대에서 성업 중이었던 가게들은 코로나가 끝났는데도 오히려 장사가 잘 안 되기 시작하였습니다. 밤 문화가, 그리고 사람들의 생활습관이 바뀌었기 때문입니다.

코로나 이후의 생활패턴의 변화

코로나 사태는 3년 만에 인류의 생활 패턴을 완전히 바꿔 놓았고, 비대면 경제를 기반으로 하는 비즈니스는 폭발적인 성장을 기록하였습니다. 이커머스 시장의 대표 주자인 '아마존' 과 '쿠팡' 이 폭발적으로 성장하는 모습을 우리 눈으로 똑똑히 확인했습니다.

안일한 생각으로 '자영업이나 해 볼까' 생각한다면, 이제 다시 코로나 이전 시대로 되돌아갈 수 있음을 직시해야 합니다. 새벽까지 바글거리던 번화가가 썰렁해지고, 한 집 걸러 공실로 비어 있는 상황을 옛날에는 상상도 못했을 것입니다.

코로나 사태로 인한 또 하나의 변화를 대표하는 기업이 바로 '넷플릭스' 입니다. 영화를 보고 싶은데 영화관을 못 가니 월 1만 원만 내면 매달 영화와 드라마 몇 천 편을 볼 수 있는 OTT 구독이 폭발적인 인기를 끌었습니다. 영화관에 가서 영화 한 편 볼 돈으로 집에서 보고 싶은 콘텐츠를 마음껏 볼 수 있기 때문입니다.

예전에는 '코로나보다 진짜 더 무서운 건 가난' 이라고 말했지만, 그 어떤 준비로도 코로나 사태가 비대면 경제를 앞당기는 것을 막을 수는 없었습니다. 코로나 사태는 전 세계를 디지털 경제로 가속시키는 액셀러레이터 역할을 한 것임이 분명합니다.

비대면 비즈니스 또는 그와 관련된 사업이 성공하리라는 것을 미리 알았더라면 누구나 부자가 되지 않았을까요? '비대면으로 비즈니스가 전환되는 시대의 변화를 미리 알고 그와 관련된 회사의 주식을 갖고 있었다면 대박을 쳤을 텐데' 라는 아쉬움도 남을 것입니다.

'바람 불 때 연을 띄우고 물 들어올 때 노 젓는다' 는 말처럼 사업 성공은 시대와 때를 잘 타는 것이 무엇보다 중요하다고 강조하는 이유입니다.

“

미래는 아날로그 경제인 소유의 경제에서
공유의 경제로 트렌드 변화가 가속화될 것입니다.
이제는 소유한 사람이 아니라 소유한 것을 같이
공유하는 사람이 돈을 벌 수 있는 세상이 되었습니다.
내 것, 내 고집만 내세우기보다는 남들과 공유하고
협업할 수 있는 마인드, 협력적 사고를 지닌 사람들이
잘 사는 사회가 오고 있습니다.

”

07

'소유의 종말' 시대가 도래하다

소유보다 구독이 이익

코로나 팬데믹을 거치면서 우리는 비대면으로 전환된 디지털 경제의 핵심인 온라인 시장의 급속한 성장과 소유의 종말 시대를 맞이하게 되었습니다.

미래학자 제레미 레프킨이 말하는 '소유의 종말(the end of ownership)' 시대란 무엇을 의미할까요? 사람들이 이제는 뭔가를 소유하는 비용이 부담되고 심지어 불편하게 생각하게 되는 시대가 되었다는 것을 의미합니다. '미래는 아날로그 경제인 소유의 경제에서 공유의 경제로 트렌드 변화가 가속화되는 시대로 가고 있다' 고 그의 저서에 나옵니다.

그럼 사람들은 어떻게 왜 이렇게 변했을까요? 굳이 소유할 필요 없이 최소의 비용으로 구독 서비스를 이용하는 것이 그것을 소유하는 것보다 경제적 이익이 훨씬 크다고 판단하기 때문입니다. 이미 우리는 '소유의 경제' 에서 '구독의 경제' 로 넘어가는 상황으로 접어들고 있습니다.

소유의 시대에서 공유의 시대로

그래서 요즘은 공유 경제 시스템을 갖춘 아이템으로 하는 사업들이 뜨고 있습니다. 내가 혼자 소유하는 유형의 자본을 여러 사람과 공유하면 멋진 비즈니스 모델이 만들어지는 세상입니다.

아날로그 경제에서는 내가 갖고 있는 것을 주변에 나누어주면 내 것이 줄어듭니다. 그러나 디지털 경제에서는 디지털 공간에서 내 것을 나누어주어도 내 것이 없어지지도 줄지도 않고 다만 공유해서 쓰는 대가로 사용료를 받고 이익을 창출할 수 있습니다. 소유한 것을 같이 공유하는 사람이 돈을 버는 세상입니다.

소유가 아닌 공유의 경제가 도래하면서 118년의 역사를 지닌 미국의 백화점 제이씨페니, 시어스가 백화점이 다 망하는 결과를 초래했습니다. 미국 굴지의 백화점들이 왜 파산 신청을 할 수밖에 없었을까요? 이커머스 온라인 경제, 구독 경제로 진행되는 흐름 속에서 더 이상 소비자들이 오프라인으로 가지 않기 때문입니다. 온라인 가상공간에서 서로 연결시키는 아마존 같은 플랫폼 회사들이 뜨는 시대입니다. 중국에서는 '알리바바', 한국에서는 '쿠팡' 이 유통시장을 장악하는 시대가 열린 것입니다. 우리나라의 경우 네이버, 카카오톡, 배달의 민족, 헤이딜러, 요기요 등의 기업들이 뜨고 있는데 이런 주요 플랫폼들이 돈을 싹쓸이하고 있습니다.

오프라인이 아닌 온라인 서비스 플랫폼에 접속하는 시대

앞으로의 경제생활에서 우리 의식을 지배하는 것은 물건에 대한 소유가 아니라 서비스와 경험에 대한 접속이 될 것입니다. '소유권의 시대' 는 막을 내리고 '접속의 시대' 가 열릴 것입니다.

그래서 협력적 사고(co-operative way of thinking)가 필요합니다. '공유하겠다' 라는 협력적 사고가 절대적으로 필요한 시대가 도래한 것입니다.

나의 개성만을, 나의 개인적인 고집만을 내세우기보다는 협업할 수 있는 마인드, 협력적 사고를 지닌 사람들이 잘 사는 사회가 오고 있다는 얘기입니다.

소유 종말의 사례1 ➡ 숙박업

힐튼 호텔은 전 세계에 수많은 호텔을 소유하고 있습니다. 그런데 호텔을 하나도 가지고 있지 않은 '에어비앤비' 는 디지털 플랫폼을 만들어 숙박을 원하는 소비자를 연결해줍니다. 그 결과 호텔을 소유하고 있는 힐튼보다 훨씬 많은 돈을 벌고 있습니다.

참 신기한 세상입니다. 에어비앤비는 힐튼 호텔만이 아니라 다양한 호텔을 플랫폼에 모아서 전 세계의 호텔과 연결해줍니다. 소유하고 있지 않지만 연결의 대가로 돈을 받을 수 있는 권리를 확보한 것입니다. 가상의 인터넷 공간에 플랫폼을 소유하고 있기 때문에 사실 소유한 사람보다 더 큰 권력을 갖게 된 것입니다.

이는 아날로그 경제에서는 없었던 개념입니다. **과거 아날로그 자본주의는 '누가 어떻게 얼마나 많이 소유할 것인가' 의 경쟁이고 전쟁이었습니다. 그래서 "인류 역사는 땅과 사람과 물자를 소유하기 위한 전쟁의 역사" 라고 역사학자들은 말합니다.**

인간은 뭔가를 소유하려는 욕구가 기본적으로 있습니다. 늘 내가 소유하지 못하면 불안해하고 더 많이 소유하기 위한 방법을 끝없이 찾아다닙니다. 집도 사고 자동차도 사며 가전제품도 더 좋은 것을 소유하려는 욕구를 충족시키기 위해 더 많은 돈을 벌고자 치열한 경쟁과 노력을 합니다. **그러나 디지털 경제에서는 달라진 것입니다. 디지털 경제는 소유보다는 공유입니다.**

소유 종말의 사례2 ➡ 교통

또 다른 예를 들어봅시다. '우버' 라는 플랫폼 회사가 있습니다. 우버는 자동차, 즉 택시를 소유하고 있지 않습니다. 그런데 전 세계 택시 산업에서 가장 큰 비중을 차지하고 있습니다.

택시가 없는데 어떻게 택시 사업을 하나요? 그것 참 신기합니다. 그런데 우버 플랫폼은 전 세계에서 약 10억 명을 가상공간에 모아서 택시를 타려는 사람들과 개인 자가용을 소유한 사람들을 연결해주는 서비스를 제공하여 막대한 이익을 올리고 있습니다.

자동차를 한 대도 소유하지 않는데 어떻게 택시 산업을 장악할 수 있었을까요? 그건 바로 아날로그 자본주의 세상에서 디지털 자본주의로 완전히 변화된 세상이기 때문입니다.

소유 종말의 사례3 ➡ 문화예술

삼성에 재직 중이던 1991년에 지역 전문가로 선발되어 1년간 일본 연수를 다녀온 적이 있습니다. 그 시절은 제 인생의 터닝포인트였습니다.

당시 일본은 제조업 최강국으로 소니, 파나소닉을 필두로 한 전자제품 회사가 전 세계 가전 시장을 장악하고 있었습니다. 일본 기업들이 미국을 대표하는 기업을 인수하자 언론에서는 '제2의 진주만 습격' 이란 뉴스가 나올 정도였습니다. 일본의 기술력은 경쟁 상대가 없을 만큼 독보적인 힘을 보여주던 때였습니다.

일본 연수 중 다양한 전자제품을 판매하는 '하키하바라' 라는 전자상가에 나가서 최첨단 빅터AV 오디오 전축, 캐논 카메라, 소니 비디오 플레이어에 현혹되어 월급이 나오면 각종 전자제품을 사서 기숙사에 세팅하고 즐기는 낙으로 외로운 외국 생활을 마쳤던 기억이 납니다. 1년간 연수를 마치고 조금씩 모았던 CD가 수백 장이나 되어 귀국하자마자 CD 장식장을 샀던 것이 아직 거실에 남아 있습니다. 지금은 음악도 스마트폰으로 디지털화된 음악을 듣는데 아직도 제 거실 한 편에는 아날로그의 추억이 있습니다.

세월은 무심하게 흘렀고 즐겨 빌려 보던 추억의 비디오 가게도 흔적도 없이 사라졌습니다. 그 빈 자리에 수천 편의 영화와 드라마가 담긴 넷플릭스 등의 OTT 서비스가 우리 일상에 들어와 있습니다. 세계 최강의 아날로그 제조업 강국이던 **일본이 디지털 세상을 준비하지 못한 대가로 불황의 늪에서 30년간 벗어나지 못하고 있는 모습을 보면 변화**

가 참 무섭기도 합니다.

소유 종말의 사례4 ➡ 은행

IMF를 거치면서 은행들도 통폐합을 통한 구조조정 끝에 생존했지만, 지금의 디지털 경제에서 살아남기 위해 오프라인 매장을 점점 줄이고 있는 실정입니다. 손님도 키오스크가 먼저 맞이합니다. 번호표 뽑고 순서를 기다리는 나이든 어르신만 은행에 갑니다.

저는 스마트폰 어플로 은행의 입출금 문제를 해결하면서 더 이상 은행에 가지 않습니다. 물론 요즘 MZ 세대는 더 이상 오프라인 은행을 가지 않습니다. 대표적으로 카카오뱅크는 처음부터 오프라인 매장 없이 온라인으로만 은행을 개설했습니다. 오프라인 은행은 하나도 없는데 이용자 수는 약 2,000만 명에 달합니다. 중국에는 알리페이 이용자 수가 약 6억 명이라고 합니다. 웬만한 구매 결재의 82%가 알리페이를 통해 이루어지고 있습니다. 은행도 아날로그 경제에서 디지털 경제로 빠르게 이동하고 있는 것입니다.

"

앞으로의 디지털 경제의 특성은 내가 소유한 무형자산
을 남들에게 나누어주고 공유하면 공유할수록
더 커지는 원리가 적용됩니다. 즉 아날로그 경제와
전혀 반대가 되는 사고방식을 가져야 부를 더욱
키울 수 있습니다. 과거 아날로그 경제에서는
독식하는 자가 성공했지만,
미래의 디지털 경제에서는 상생의 정신을
활용하는 자가 성공할 것입니다.

"

08

소유가 아닌 공유에 돈을 쓴다

접속을 넘어 구독의 시대로

소비 시장도 이제 '구독의 시대(age of subscription)' 로 가고 있습니다. 옛날에는 오프라인으로 학원에 한 명의 강사와 반을 편성하여 운영했지만 지금은 전국에서 어디서든지 명강사 한 사람의 강의를 공유하는 서비스가 제공된 지 꽤 오래되었습니다. 학원 시장도 메가스터디 등 인터넷으로 구독하는 구독의 시대로 변화하고 있습니다.

가전 시장에서는 LG 가전이 '전자제품도 구독하라' 고 광고를 하고 있습니다. 자동차 시장도 기아플렉스에서 공유시스템으로 서비스를 제공하고 있습니다. 도서 시장의 책도 종이책을 구입하기보다는 구독형으로 전자책을 읽는 방식으로 이미 변화하였습니다.

이처럼 구독 서비스를 제공하는 플랫폼 기업이 늘어나고 있습니다. 문제는 이 구독이 끝없이 소비를 부추겨 이용자를 점점 더 가난하게 만들고, 일자리는 빼앗고 있다는 점입니다. 결국 우리를 '잉여인간' 으로 내몰면서, 돈은 디지털 자본가가 가져가는 것입니다. 특히 코로나 사태 이후 비대면 문화로 전환되면서 빅테크 플랫폼 기업들이 돈을 싹 쓸이해가고 있습니다.

독식하는 구조가 문제

혼자 독식하는 구조는 심각한 문제입니다. 상생과 나눔의 부재가 가장 문제라는 겁니다. 노동이 소외되어 노동의 종말까지 오고 있는데, 잉여인간 시대로 몰리는 것도 알겠는데, 소비자인 나는 소유를 위해서가 아니라 공유 서비스를 받기 위해 돈을 계속 쓰고 있는데, 그 돈은 얼굴도 모르는 그 누군가가 가져가고 있는 것입니다.

플랫폼 회사 주주들이 독식하는 구조는 빈익빈 부익부를 더욱 악화시킵니다. 그 이익을 공유할 수 있다면 참 좋겠는데 말입니다. 합리적인 이익 배분의 문제를 해결하지 못한 아쉬움을 여러분도 진지하게 생각하시길 제안합니다. 이제는 나의 소비가 나의 수익으로 배분되는 플랫폼을 찾아서 접속해야 합니다.

아날로그 사고방식으로는 실패한다

과거 아날로그 경제에서는 내 자산이 커지게 되면 그 자산을 지키면서 더 키우는 방법을 찾게 됩니다. 그러나 **디지털 경제의 특성은 내가 소유하고 있는 무형자산을 남들에게 나누어주고 공유하면 공유할수록 더 커지는 원리가 적용됩니다. 이는 아날로그 경제와 전혀 반대가 되는 사고방식을 가져야 더욱 키울 수 있다는 것입니다.**

그러면 나의 자산을 키우려면 어떻게 해야 될까요? 디지털 경제에서는 철저히 상생의 정신이 없는 비즈니스는 망한다는 것을 명심하셔야 합니다. 아날로그 경제에서는 독식을 해야 했습니다. 내가 독점을 하고 독식해서 창고에 가지고 있다가 매점매석하는 것이 전략이었습니다. 앞으로는 타인과 공유하고 나누는 전략이 살아남을 수 있습니다.

이제는 정보를 연결하고 공유해 이익이 나면 서로 나눌 수 있는 시스템을 구축한 기업들이 성장할 것입니다. **디지털 자본주의 시대의 생존 키워드는 '상생(相生)' 이 되어야 합니다.**

"

디지털 자본주의의 급속한 변화로 부의 흐름이
바뀌고 있습니다. 이 부의 흐름이 바뀌는 길목에
자리를 잡는 사람이 돈을 벌 수 있습니다.
변화는 더 빠르게 가속화될 것입니다.
변화의 흐름을 모른 채 장사가 성공하기를
기대해서는 안 됩니다. 과거처럼 상품 시장에서
이익을 만드는 사업이 아니라 고객과 이익을 공유하는
플랫폼에서 성공 모델을 찾으십시오.

"

09

디지털 경제 시대의 변화를 읽어라

젊은이들의 '핫 플레이스' 찾기

요즘 젊은이들의 핫 플레이스로 떠오르는 지역인 성수동 거리를 가 보았습니다. MZ세대는 약속을 할 때 스마트폰으로 맛집과 멋진 카페를 미리 검색하고 소비자 평가를 보고 평판이 좋은 곳인지를 먼저 알아보고 장소를 잡습니다.

이처럼 인기 있는 곳에 사람들이 집중적으로 몰리는 현상도 디지털 소비의 큰 변화입니다. 플랫폼에 연결하고 정보를 공유하고 소비자가 평가하고 그 평판으로 가게의 운명이 정해지는 '클릭의 시대'가 된 겁니다. 소비자의 '클릭'이라는 선택을 받기 위해 끝없이 노력하지 않으면 도태되는 시대가 왔습니다.

저도 와이프와 함께 직접 검색하고 투어를 해 봤는데 역시 핫 플레이스에 가니 붐비는 곳만 붐비는 것을 확인할 수 있었습니다. 성수동에 자리 잡은 무신사 본사에 가서 옷도 사보니, 부담 없는 가격에 즐거운 쇼핑을 할 수 있었습니다.

이러한 변화의 흐름을 모른 채 장사가 성공하길 기대해서는 안 됩니다. 요즘 대기업에서도 성수동에 많이 투자하고 있다고 합니다. 아마도 향후 집값도 오를 확률이 높을 것입니다.

디지털 자본주의의 급속한 변화로 부의 흐름이 바뀌고 있기 때문에 그 부의 흐름이 바뀌는 길목에 자리를 잡으면 돈을 벌 수 있습니다. 참고로 10년 전만 해도 성수동 집값은 그렇게 비싸지 않았습니다.

상품에 마진 붙여 파는 시대는 끝나가고 있다

요즘에는 물건에 마진 안 붙이고 파는 곳이 점점 늘고 있습니다. 거의 공장도 원가에 주는 플랫폼들이 등장하기 시작했습니다. 회사의 이익금을 회원들에게 거의 다 나누어주는 플랫폼도 늘고 있습니다.

'그럼 회사는 뭐 먹고 살아?' 이런 궁금증이 생길 겁니다. 그런 플랫폼들이 싸게 주고 이익을 나누어주는 이유는 회원들을 유치하려는 목적이 있기 때문입니다. 아니면 유료회원제로 운영하는 형태의 비즈니스 모델들입니다.

디지털 자본주의 시대는 아날로그 자본주의 시대와 다르게 상품에 마진을 붙이는 상품판매 시장에서 금융자본 시장으로 수익 모델을 바꿔 나가고 있습니다. 상품에 마진 붙여 파는 시대는 이제 끝났다고 정의하고 상품에는 마진을 안 붙이거나 붙여도 최소 이익만을 붙이는 전략을 구상하고 있습니다.

그러면 상품에 마진을 안 붙이는 이유가 무엇인가요? 소비자를 구축하기 위한 겁니다. 상품에 마진을 붙이는 순간 쿠팡이나 아마존이나 알리 익스프레스 등과 상대할 수 없기 때문입니다. 소비자를 모으고 그들을 '락인 효과' 로 지속적으로 묶어 놓으려면 소비자에게 혜택을 확실히 주어야만 하기 때문입니다.

스마트폰 시대가 왔듯이, 상품에 마진을 붙이지 않는 세상도 올 것입니다. 상품 시장에서 이익을 만드는 사업이 아니라 고객과 이익을 공유하는 플랫폼을 찾아 IPO 금융 시장으로 상장하는 모델을 찾게 되면 그런 기업은 초대박을 칠 수 있을 것입니다.

흘러간 강물은 되돌아오지 않는다

2007년도에 처음 스마트폰(애플의 아이폰)이 나왔을 때 노키아는 전 세계 핸드폰 시장의 43% 점유율을 차지하고 있었습니다. 어떤 사람들은 비웃기도 했습니다.

"누가 그렇게 비싼 핸드폰을 사? 통화만 잘 되면 되지!"

그런데 어떻게 되었나요? 노키아는 역사 속 뒤안길로 사라졌습니다.

지금은 스마트폰에 인공지능이 탑재되는 시작점에 있습니다. AI 혁명이 나오면서 또 한 번의 혁명을 하려고 시동을 건 것입니다. Chat GPT뿐만 아니라 다양한 AI 인공지능 기능이 탑재된 스마트폰이 나오기 시작했습니다. 이를 '온디바이스 스마트폰' 이라고 합니다. 연결하는 게 아니라 스마트폰 자체에 들어가 있는 형태입니다.

아직은 스마트폰이 AI 기능을 완벽하게 구현하지 못하지만 이러한 변화의 흐름이라면 조만간 모든 디바이스에 인공지능 기능이 탑재된 상품들이 쏟아져 나올 것입니다. 변화와 진화는 멈추지 않고 지속합니다. 마치 인간이 늙지 않으려고 발버둥쳐봐도 백발은 소리 없이 주름과 함께 오는 것처럼 말입니다.

상품에 마진을 붙이지 않는

새로운 형태의

비즈니스가

미래 시대의

성공 모델이 됩니다.

“

디지털 자본주의 경제 시스템에서 ‘락인 효과’ 는
가장 중요한 생존 키워드입니다. 어떤 플랫폼을
선택할 때나 어떤 사업을 검토할 때 가장 먼저
락인 효과가 있나 없나를 철저히 분석해서
판단하여야 합니다. 락인 효과가 무너진 오프라인
매장들은 고전을 면치 못할 것입니다.
오늘날 세계 경제를 주도하고 있는 기업들은
바로 락인 효과가 독보적으로 강한 기업들입니다.

”

10

디지털 경제의 락인(LOCK-IN) 효과

락인 효과가 강한 기업이 강한 기업

'락인(LOCK-IN) 효과' 란 한 번 안으로 들어오면 자물쇠로 잠가 빠져나가지 못하게 하는 효과를 말합니다. 소비자가 특정 제품이나 서비스를 한번 구매하거나 이용하면 다른 대안으로 전환하기 어렵게 되는 현상입니다.

예를 들어 네이버, 카카오에 한 번 계정을 만든 사람은 쉽게 빠져나가지 않을 것입니다. 만약에 카카오톡 사용자의 계정을 삭제하고 강제퇴출시키면 갑자기 그 사람은 모든 사람과 연결이 끊어지게 되기 때문에 바로 다시 들어가려고 시도를 할 것입니다. 누가 시키지 않아도 자발적으로 다시 들어가고 할 것입니다. 그래서 카카오톡은 락인 효과가 강한 플랫폼이라고 할 수 있습니다.

현재 전 세계에서 락인 효과가 제일 강한 기업은 페이스북, 구글, 유튜브, 애플, 아마존, 마이크로소프트 등 빅테크 기업들입니다. 일명 FANG이라고 부릅니다. 전 세계 경제를 주도하고 있는 기업 빅(big) 5는 락인 효과가 독보적으로 강한 기업입니다.

자본주의 경제 시스템에서 락인 효과의 가장 중요한 생존 키워드 중 하나일 수도 있습니다. **어떤 플랫폼을 선택할 때나 어떤 사업을 검토할 때 디지털 경제에서는 특히 락인 효과가 있나 없나를 철저히 분석해서 판단하여야 합니다.**

위기의 기업도 늘어나고 있다

거꾸로 락인 효과가 무너지고 있는 업종들도 많이 관찰됩니다. 특히 유통업 분야가 크게 지각변동을 하고 있습니다.

코로나 사태로 비대면의 생활화와 최근 해외 직구 '알리 익스프레스' 의 한국 진출 등 인터넷 환경에서 국경 없는 구매 행위가 활성화되면서 오프라인 소비 회원들이 온라인 소비 형태로 전환되어버린 것입니다. 그래서 많은 오프라인 할인매장들이 고전을 겪고 있는 실정입니다. 늘 가던 이마트 상봉점을 갔다가 2024년 5월에 폐쇄한다는 푯말을 보고 변화를 실감할 수 있었습니다.

이마트 폐점과 시가총액

이마트 또 폐점, 올들어 4개점 닫아… 대형마트 '점포수=매출' 옛말

입력 2023-09-12 10:30 | 수정 2023-09-12 11:17

이마트 올해 사상 최대 폐점… 홈플러스와 점포수 동수로
홈플러스도 내달 추가 폐점… 경쟁적으로 문 닫는 중
출점 경쟁 대신 비효율점포 정리 및 자산 유동화에 방점

▲ ⓒ뉴데일리DB

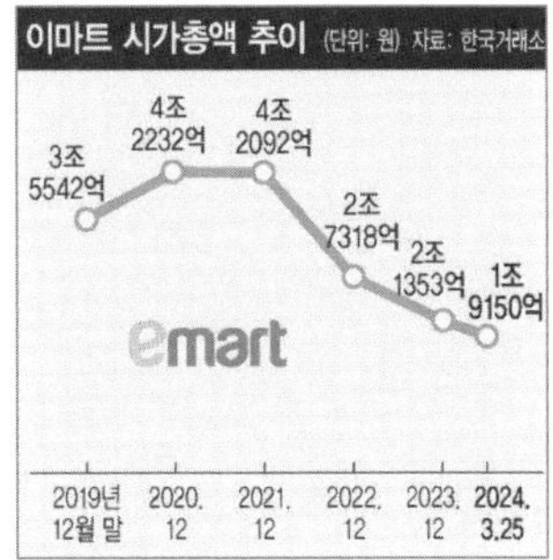

인터넷 재판매가 활성화되면서 **네트워크마케팅 업계에서도 회원들이 비회원보다 비싸게 사는 어처구니 없는 현상이 발생하면서 락인 효과가 약화되어 20년간 유지하던 5조 시장이 붕괴 되었습니다.**

회원들의 이탈이 가속화되고 있는 현실을 극복하기 위한 특단의 조치가 필요해졌습니다. 몇몇 상위 직급자를 위한 편중된 보상 플랜에 대한 변경과 일반 회원들 몰래 독소 조항들을 넣는 행위를 과감히 혁파하는 노력, 인터넷 재판매를 근절하는 특단의 조치가 필요한 시점입니다. 배팅 없는 승급 문화 조성과 사재기 없는 마케팅을 제시해, '네트워크사업을 하면 피해 본다' 는 인식을 해소하는 노력을 해야 합니다. 회원들의 권익과 회사와 상생하는 공유 시스템이 보완되어야 할 것입니다. 만약 이대로 방치하면 틀림없이 몇 년 후 네트워크 업계도 역사 속으로 사라지고 네트워커의 꿈도 사라질지 모릅니다.

"

과거 기업이 100년 동안 일군 성과를 요즘의
성공한 기업들은 불과 10~20년 만에 이루었습니다.
그 비결은 가상 플랫폼에서의 락인 효과를 활용한
데 있습니다. 사람들을 많이 모아놓으면 돈이 됩니다.
그리고 들어왔던 사람들이 다시 나가지 않게끔 하는
'락인 효과', 즉 잠그는 효과가 크면 클수록
디지털 경제를 장악할 수 있습니다.
그야말로 보이지 않는 전쟁입니다.

"

11

디지털 가상공간에 집을 지어라

가상 세계에서의 치열한 경쟁

락인 효과의 모델들은 이미 우리 주변에 익숙하게 존재합니다. 네이버, 카카오톡, 구글, 유튜브, 페이스북, 아마존, 넷플릭스, 쿠팡, 알리익스프레스 등 구독 시스템을 갖고 있는 락인 효과가 강한 기업들을 누구나 잘 알고 있을 것입니다. 이밖에도 우버, 에어비앤비, 배달의민족, 여기어때, 카카오택시, 메가스터디, 헤이딜러, 카카오뱅크, 인크루즈 등 수 많은 기업들이 디지털 경제의 패권을 얻기 위해 보이지 않는 가상 세계를 만들어가고 있습니다. 가상공간에 있어서 눈에 잘 안 보일 뿐입니다.

미래에는 디지털 경제를 장악한 플랫폼 기업을 소유해야 부자가 됩

니다. 물론 기회는 과거에도 있었습니다. 1997년 'WWW' **즉 인터넷 세상이 온다는 것을 예측한 사람들은 네이버에 주주로 참가해 부자가 되었습니다.** 지금도 물론 주식을 사면 되지만, 한두 주 사서는 주주로서의 배당금으로 먹고 살 수가 없을 것입니다. 네이버, 테슬라, 아마존 등이 처음 창업할 때 참여했으면 우리는 누구나 부자가 되어 있었을 것입니다. 락인 효과가 강한 카카오톡도 창업했을 때는 오랫동안 적자에 시달렸습니다. 그때 초기 멤버로 초기 투자를 했으면 지금 부자가 되었을 텐데 용기가 나지 않았을 겁니다.

충성회원 확보가 돈이고 생명력

이 기업들의 공통점은 무엇일까요? 무엇이 경쟁력이기에 일반 기업이 100년 동안 이룩한 일을 불과 10~20년 만에 이루고 거대 기업이 되어 전 세계의 돈을 싹쓸이하고 있을까요?

카카오도 초기에 무료 문자 서비스를 제공하며 수천만 명을 공짜로 모으는 과정에서 수익이 발생되지 않아 5년간 250억원이라는 적자를 냈습니다. 그럼에도 불구하고 회원을 모는 것이 비즈니스 모델이고 많은 회원이 모이면 돈이 된다는 확신을 갖고 있었기 때문에 버틸 수 있었고 '사람들을 많이 모아놓으면 그것이 돈이 된다' 는 사실을 알게 된 것입니다. 그렇다면 사람을 모아놓기만 하면 될까요? 아닙니다. 들어왔던 사람들이 다시 나가지 않게끔 하는 '락인 효과' 즉 잠그는 효과가 있지 않으면 빠져나간다는 얘기입니다. 그래서 이 디지털 플랫폼 기업들은 서비스를 관리하는 시스템을 지속적으로 제공해야 합니다.

디지털 경제 시대에 통찰과 소통이 중요한 이유?

가장 중요한 것이 고객 관리입니다. 고객이 빠져나가지 않게 하려면 다른 곳보다 소비자에게 더 이익을 줘야 합니다. 그래야 사람들이 머물게 됩니다. 이 플랫폼들의 공통 특징은 물건을 만들어 파는 기업이 아니라 서비스를 제공하는 기업들이라는 점입니다.

질 좋은 서비스를 제공하는 기업이 성공합니다. 서비스는 보이지 않고 만져지지 않지만 가슴으로 느낄 수 있습니다. 그래서 인간의 마음을 이해하고 공감하고 소통하는 능력이 있는 오너 대표가 중요합니다. 통찰력 있는 기업가가 중요합니다. 서비스는 보이지 않는 것이라 관리가 쉽게 되지 않습니다.

물건을 만들던 아날로그 경제, 아날로그 자본주의 시대에서 디지털 경제, 디지털 자본주의 시대로 변해가는 시대에는 통찰력 있게 분석할 줄 아는 안목이 절대적으로 필요합니다.

“

좋은 물건을 가장 저렴한 가격에 제공하는 것,
소비자 중심의 철학, 놀라운 락인 효과의 지속…
미국 코스트코의 성공 전략에서 미래 비즈니스의
성공 비결을 찾아볼 수 있습니다. 성공하고 싶다면
락인 효과가 있는지부터 체크해보십시오.
락인 효과가 있나, 없나? 락인 효과가 강한가, 약한가?
이런 것들을 제일 먼저 꼼꼼히 따져보시기 바랍니다.
당신의 안목이 달라질 것입니다.

”

12 락인 효과의 끝판왕 코스트코 파헤치기

락인 효과 없는 기업은 경쟁력을 잃는다

지금 돈을 제일 잘 벌고 있는 기업들의 공통점은 락인 효과를 잘 관리한다는 점입니다. 락인 효과가 없는 기업은 상대적으로 경쟁력을 잃을 수밖에 없습니다. 그래서 어떤 일을 시작할 때 락인 효과부터 체크를 해야 합니다. 락인 효과가 있나 없나? 락인 효과가 강한가 약한가? 이런 것들을 꼼꼼히 따져봐야 합니다. 락인 효과가 강하다는 건 소비자가 빠져나가지 않도록 많은 혜택을 주는 기업이라는 얘기입니다.

대표적인 회원제 할인점인 미국계 코스트코는 락인 효과가 정말 강한 회사입니다. 보통 마트를 생각하면 다양한 브랜드가 넘쳐나는 진열대들을 떠올릴 것입니다. 하지만 코스트코는 모든 물품이 창고처럼 쌓여 있고 진열대도 투박합니다. 심지어 매장 진열대를 정리하는 직원도 없습니다. 이렇게 투박하고 어설퍼 보이는 창고형 마트가 어떻게 전 세계에서 가장 큰 마트가 되었을까요? 코스트코가 **어떻게 성공했는지를 알려면 일단 코스트코가 어떻게 돈을 버는지를 이해해야 합니다.**

1) 충성고객 멤버십 확보

코스트코가 다른 마트들과 획기적으로 다른 부분은 멤버십 제도입니다. 코스트코에서 물건을 사려면 연간 멤버십에 가입해야 합니다. 가입하지 않으면 입장 자체가 안 됩니다.

코스트코 멤버십은 크게 2개로 나뉩니다. 연간 4만 원 내는 기본 골드스타 멤버십, 그리고 8만 원을 내고 코스트코 구매의 2% 적립과 추가 할인 혜택이 있는 VIP 멤버십입니다. 처음에는 이렇게 비싼 회비까지 주고 가야 되나 생각합니다. 회비를 내는 것이 손해처럼 보일 수 있습니다. 하지만 막상 회원이 되어 장을 보면 다른 마트에 비해 가격이 워낙 싸기 때문에 연회비보다 아끼는 돈이 훨씬 더 큰 것을 체험하게 됩니다. 그러니까 매년 회원을 갱신하고 장을 보는 것입니다. 이것이 코스트코의 핵심 경영 전략입니다.

2) 좋은 제품을 제일 싼 가격으로 제공

코스트코는 가격을 낮추기 위해 엄청난 공을 들입니다. 고객에게 좋은 품질의 제품을 저렴하게 제공하기 위해 평균적으로 제품 원가의 11% 정도만 마진을 붙여서 가격을 정한다고 합니다. 반면 대부분의 마트들은 25~50% 정도의 마진으로 물건을 팔고 있습니다. 코스트코가 다른 마트보다 10~30% 싼 가격으로 판다는 겁니다.

아니 이렇게 싸게 팔면 뭘 먹고 살아? 궁금할 겁니다. 바로 회원들의 연회비로 먹고 삽니다. 2023년 코스트코의 순이익이 약 10조 원이었는데 연회비를 통한 매출이 6.5조 원이었습니다. 이 매출이 다 이익으로 떨어진다고 치면 약 65% 정도의 수익이 연회비로부터 들어옵니다. 회원들한테는 혜택을 베풀어서 싼 값에 물건들을 파는 겁니다. 소비자 입장에서는 1년에 4만 원 냈는데 싼 물건들을 많이 살 수 있어서 이득입니다. 소비자들에게 회원제를 통해서 좋은 클럽에 소속되어 있다는 소속감도 주고, 할인을 좋아하는 인간의 심리를 건드려서 계속 찾아오게 만듭니다.

작년에도 코스트코 한국 매장의 매출이 6조 원을 넘었다고 합니다. 창업자 짐 세네갈도 한국 매장들에 대해서 "정말 판타스틱하다. 당장이라도 눈물이 날 것 같다" 라는 감격의 표현을 했다고 합니다.

3) 가격 동결

코스트코는 핫도그에서도 철학을 찾아볼 수 있습니다. 코스트코는 매장 내 푸드코트에서 핫도그를 판매하는데, 이 핫도그의 가격이 미국에서 1985년부터 쭉 똑같았습니다. 요즘 같은 미친 인플레이션 시대에서도 코스트코의 경영자는 1.5달러 핫도그 가격을 그대로 유지하겠다고 밝혔습니다. 〈월스트리트저널〉에 따르면 이 핫도그 가격이 물가 상승률에 따라 바뀌었다면 지금쯤 4.13달러여야 한다고 합니다.

하지만 코스트코는 이 핫도그 가격을 올리지 않습니다. 이 핫도그에서 돈을 못 벌더라도 싸고 맛있는 핫도그로 소비자들에게 서비스하고, 다른 제품을 더 많이 사갈 수 있게 유도하는 겁니다.

창업자 짐 세네갈은 예전에 부하 직원에게 "가격을 올리면 죽여 버리겠다는 살벌한 말까지 했다"고 합니다. 그만큼 소비자들에게 저렴한 가격을 제공하는 경영 철학이 확실합니다. 그 대신 코스트코는 가능한 모든 비용을 확 줄여버립니다. 그래서 다른 마트와 다르게 창고형입니다. 물건이 들어오는 대로 창고에 쌓아두듯이 진열하고 물건 진열에 쓰이는 인건비를 아낍니다. 이렇게 창고 제품들을 묶음으로 판매하고 용량도 크게 만들어서 제품 하나당 드는 비용이 줄어들게 만듭니다.

그리고 코스트코 제품들은 종류가 많지 않습니다. 빨리 많이 팔아서 순환을 높이는 전략입니다. 일반 마트처럼 종류가 다른 5가지 식용유를 팔면 이 5개가 다 잘 팔리지 않지만, 코스트코는 그럴 바에는 잘 팔리는 것 한 가지만 딱 진열해놓습니다. 이렇게 하면서 구매 회전율은 높이고 안 팔리는 제품은 줄이는 것입니다.

4) 소비자를 위하는 철학

코스트코의 철학은 '소비자에게 좋은 제품을 싸게 제공하면 소비자는 충성고객이 된다' 는 것입니다. 코스트코는 소비자에게 최대한의 가치를 제공하기 위해서 가격도 올리지 않고 소수의 선별된 제품만 제공합니다. 이 소비자을 향한 사랑은 결국 브랜드 충성도로 이어집니다. 사람들이 코스트코의 질 좋고 값싼 물건을 좋아하게 되고 돈 아껴가면서 장 보는 경험이 즐겁게 느껴지는 것입니다.

이 브랜드 충성도를 증명이라도 하듯 코스트코의 지난 2023년 멤버십 갱신율은 무려 91%였습니다. 열에 아홉은 코스트코를 계속 돈 주고 방문한다는 겁니다. 이 모든 걸 가능하게 하는 건 경영진의 지독한 철학 고집이 아닐까 싶습니다. 실제로 코스트코가 계획보다 싸게 제품을 구매해왔을 때도 싸게 구한 만큼 싸게 팔아서 소비자들에게 가치를 돌려줬습니다. 이런 철학과 고집이 지금의 코스트코를 만들었을 겁니다.

이처럼 고객을 최우선시하는 기업이 생존하고 성공합니다.

코스트코 창업자는 한 인터뷰에서 다음과 같은 이야기를 했습니다.

"내가 마음이 좋아서, 이타적인 사람이라서 그런 것이 아니라 이 경영방식이 가장 좋은 비즈니스이기 때문입니다. 이렇게 해야 50년, 70년, 100년을 경쟁력을 잃지 않고 살아남을 수 있다는 사실을 나는 분명히 알고 있습니다."

5) 40년간 우상향한 주식

코스트코의 경쟁력은 주가에서도 찾아볼 수가 있습니다. 코스트코 주식은 꾸준히 우상향해왔습니다. 초창기에 코스트코에 100만 원을 묻어 놨다면 지금쯤 거의 2억 4천만 원 이상이 되어 있다는 것입니다.

주식분포도

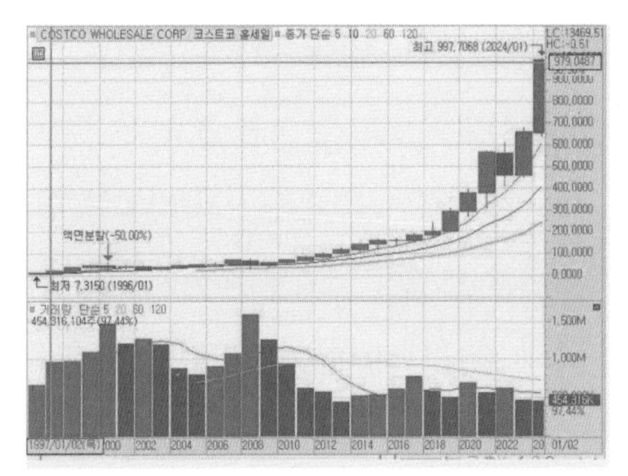

그야말로 완벽한 기업의 주식이라 할 수 있습니다. 투자의 대가 워런버핏과 찰리 멍거도 코스트코 주식을 오래 보유하고 있었다고 합니다. 특히나 찰리 멍거는 코스트코를 너무 사랑한 나머지 1997년부터 죽기 전까지 코스트코의 이사진으로 남아 있었습니다. 그는 이만큼 완벽한 기업은 없다고 입이 마르도록 칭찬했습니다.

코스트코의 연 매출은 350조에 이릅니다. 연간 회원비만 가지고 8.5조원의 순이익을 냅니다. 최근 5년간 연간 평균 81% 성장을 했고, 시가 총액은 최근 620조원으로 성장했습니다. 지금도 기하급수적으로 성장하고 있는 것입니다.

이는 충성고객 1억 3,800만 명이 40년간 꾸준히 모인 결과물입니다. 회원 수는 매년 점점 기하급수적으로 늘고, 한 번 회원이 된 사람들은 90%의 확률로 재가입을 합니다. 10명 중 9명은 코스트코를 떠나지 않고 평생 지속해서 회원이 되고 있다는 놀라운 통계입니다.

6) 편리함보다 저렴함을 선택

코로나 팬데믹 기간 미국인도 외출이 많이 통제되다 보니까 오프라인 쇼핑보다는 온라인 쇼핑을 더 많이 했을 거라고 짐작할 수 있습니다. 그런데 독특한 데이터가 나왔습니다. 아마존이 월마트하고만 싸우는 줄 알았더니 코스트코 하고도 싸웠는데 완패를 했다는 겁니다.

미국의 금융조사기관에서 2023년 6월에 발표한 결과를 보면 좀 충격적입니다. 39개의 같은 제품에 대한 아마존과 코스트코의 가격 비교를 해봤더니 아마존이 56.58% 더 비싸더라는 데이터였습니다. 온라인이 더 저렴할 줄 알았는데 실제로는 코스트코가 더 저렴했다는 것입니다. 코스트코는 어떻게 해서 온라인보다 더 싸게 팔 수 있었을까요? 그것은 마진을 안 붙이고 팔겠다는 코스트코의 경영 철학 때문입니다.

즉 사람들은 아마존의 1일 배송이 주는 편리함보다 코스트코의 저렴함을 우선적인 가치로 두었습니다. 편리함보다 저렴함을 선택했다는 뜻입니다. 이것이 코스트코의 핵심 가치입니다.

이는 쿠팡처럼 빠른 배송이 아니더라도 좋은 물건을 더 저렴하게 구입할 수만 있다면 그 비즈니스는 성공할 확률이 높다는 것을 증명해준 데이터입니다. 물론 아마존의 주가도 디지털 경제 활성화를 통해서 폭발적 성장을 했습니다. 그에 비해 코스트코는 예상을 뒤엎고 지속적으로 성장을 하고 있습니다. 우리나라의 경우 현재 절대 강자는 1,100만의 회원을 갖고 있는 쿠팡입니다. 저렴한 데다 빠른 배송까지 제공하니 유통시장의 강자로 떠오른 것입니다. 만약 쿠팡보다 더 싸게 팔 수 있는 방법이 있다면 어떨까요? 그렇다면 그 비즈니스는 반드시 성공할 것입니다. 거기에 여러분이 주주가 될 수 있는 권한이 주어진다면 금상첨화일 것입니다.

새로운 시대의 사업 성패는 첫째, 지속적으로 회원을 유지할 확률이 높은가, 둘째, 락인 효과가 있는가를 보고 판단할 수 있습니다. 다른 어떤 유통보다 무조건 싸게 제공해야 락인 효과가 작동되어 고객을 붙잡아둘 수 있는 힘을 갖게 됩니다.

미래의 디지털 경제에서는 '누가 회원을 많이 보유하는가' 가 성공의 비결입니다. 소비자에게 이익을 돌려주려 노력하는 기업만이 살아남는 시대가 점점 오고 있다는 사실을 명심해야 합니다.

AI

2장

잉여인간의 시대

“

40년 전에는 공상과학 같은 세계라고만 생각했는데,
반세기도 지나기 전에 영화 속 세계가 점차 현실이
되어가고 있습니다. 인간이 인공지능의 지배를 받는
세상이 우리가 살아있는 동안 얼마든지
올 수 있는 것입니다. 영화에서는 40년 전에 이미
예견했지만, 미래학자들은 더 끔찍한 세상이
올 수 있다고 전망합니다.

”

01

인류에 대한 경고 메시지

지금 봐도 놀라운 영화 속 미래 세상

지금으로부터 40년 전인 1984년 미국에서 만들어진 영화 한 편을 소개하면서 시작해 볼까 합니다. 여러분은 〈터미네이터〉라는 영화를 다 기억하실 겁니다. 아마도 어떤 분은 대학 다닐 때 보신 분, 중학교 때 보신 분, 고등학교 다닐 때 보신 분, 사회생활을 하면서 보신 분들도 계실 겁니다.

영화가 시작되면 쓰레기를 수거해가는 한 인부 옆에서 갑자기 번개가 치더니 한 남자가 나타납니다. 그의 정체는 평범한 인간이 아닌 미래에서 온 사이보그 인공지능 로봇 터미네이터 T-800입니다. 아놀드 슈워제네거가 연기한 터미네이터 T-800은 근육질의 알몸으로 나타나

근처의 인간들로부터 옷을 빼앗은 뒤 어디론가 향합니다.

한편 또 다른 곳에서도 번개가 치고 있었고 그곳에서는 타임머신을 타고 온 인간 카일 리스가 나타납니다. 카일도 알몸 상태이기에 경찰에게 범죄자로 의심받아 쫓기게 되지만 무사히 빠져나가는 데 성공합니다. 그리고 한 여자가 등장합니다. 이 여자는 새라 코너입니다. 언제나 부족한 돈에 시달리면서 평범하게 식당 일을 하며 지내고 있었습니다.

T-800은 총포상에 가서 주인을 죽이고 총을 가지고 나와 곧장 전화부를 뒤져 새라 코너의 주소지를 확인한 후 새라 코너라는 이름의 여성들이 사는 집으로 가서는 그녀들을 무작정 죽입니다. 하지만 그가 죽인 사람들은 노리는 새라 코너와 같은 이름을 가진 동명이인이었죠. 얼마 후 진짜 새라가 영화를 보러 가는데 카일이 미행을 하기 시작합니다. T-800은 새라 코너와 같은 이름을 가진 여자를 벌써 두 명이나 죽였고, 경찰은 다음 목표가 될 수 있는 새라 코너에게 위험을 알리려 전화를 걸었지만 그녀는 전화를 받지 않습니다.

T-800은 상상을 초월한 힘과 첨단 지능화된 인공지능 컴퓨터가 내장되어 있어 새라 코너를 집요하게 추격하고, 반면 인간 카일은 그녀를 지키려고 안간힘을 씁니다. 스릴 넘치는 이 영화 속 여러 장면들은 40년이 지난 지금도 생생합니다.

인공지능이 인류를 지배하는 세상

이 영화가 어떤 의미를 담고 있는지 당시에는 잘 몰랐습니다. 상상을 초월한 쇼킹한 장면들이 아직도 기억날 정도로 대단했습니다. 그런데 **우리가 주목 할 점은 40년 전의 공상과학 영화 속에 나온 AI 인공지능 로봇이 40년이 지난 지금은 현실이 되었다는 사실입니다.**

인공지능 로봇이 현실이 된 것은 어떤 점에선 좋은 측면도 있지만 이 영화처럼 굉장히 위험한 측면도 있습니다. 영화에서 터미네이터는 왜 만들어졌을까요? 터미네이터가 만들어진 목적에 그 위험성이 있습니다. 그것은 오로지 존 코너를 죽이기 위해서입니다. 존 코너는 새라 코너와 카일 리스 사이의 자식입니다. 즉 존 코너의 어머니를 죽이기 위해서 인공지능 스카이넷이 미래에서 터미네이터를 보낸 것입니다.

이 영화에 나오는 인공지능 컴퓨터인 스카이넷은 지구를 지키기 위한 전략을 짜면서 만들어졌습니다. 그런데 인공지능이 지구를 지키기 위한 노력을 계속 하다 보니 이런 결론에 도달합니다. 지구를 지키는데 가장 방해가 되는 존재는 바로 인간이라는 결론 말입니다. 왜냐? 인간은 지구 환경을 오염시키고 인구를 계속 늘리면서 온갖 문제를 만들기 때문입니다. 식량 문제, 수질 오염, 지구 온난화 등 지구를 망치는 인간을 보면서 스카이넷은 결론을 내립니다. 인간이야말로 지구를 지키는 데 가장 방해되는 존재라는 것입니다. 그런 결론에 도달한 스카이넷이 인류를 멸망시키기 위한 계획을 실행에 옮기게 됩니다. 그런데 스카이넷이 지구의 모든 것을 통제하고 핵전쟁으로 지구를 초토화시켰는데도 인간들이 바퀴벌레처럼 살아남았습니다. 터미네이터 로봇으로 온 세상을 다 점령했지만 살아남은 사람들이 지상군을 만들어 투쟁하게 되는데 그 인간 무리의 사령관이 존 코너이고, 그 존 코너의 엄마가 새라 코너입니다.

결국 스카이넷은 존 코너를 못 태어나게끔 하면 되겠다고 생각하여 인공지능 로봇 T-800을 과거로 보냈습니다. 즉 터미네이터는 새라 코너를 죽이려는 목적으로 과거로 보내진 겁니다. 이 사실을 안 미래의 존 코너도 그 터미네이터를 저지하고 엄마를 보호하기 위해 카일 리스라는 인간을 보냅니다. 그래서 터미네이터는 새라 코너를 죽이려고 끝까지 쫓아다니는 것이고 또 다른 남자는 새라 코나를 지키기 위해서 싸웁니다.

결국에는 터미네이터를 파괴하지만 인공지능 칩은 남습니다. 그 인공지능 칩이 결국은 미래의 세상을 인공지능 로봇 시대로 다 바꾸게 되는 단초가 됩니다. 그리고 대부분의 인류가 말살되고 남아 있는 사람들은 정상적인 곳에 쓸모가 없는 '잉여인간' 이 되어 기계에 의해 지배를 받으며 바퀴벌레처럼 숨어 사는 디스토피아 세상이 됩니다.

오래전부터 예견된 시대

이 영화는 세계적으로 유명한 제임스 카메론 감독의 작품입니다. 〈터미네이터〉를 찍기 전 영화 흥행이 안 되어서 힘들어하던 무명 감독 제임스 카메론은 어느 날 꿈속에서 인공지능 로봇을 보았습니다. 그는 꿈에서 본 것을 스케치한 다음 이 각본을 팔려고 했지만, 이전에 만들었던 작품이 다 실패해서 제작자들이 투자를 안 하려고 했습니다. 그래서 이 영화 대본을 저작권 1달러에 팝니다. 그리고 그걸 제작할 수 있는 권리만을 가집니다. 그래서 예산도 굉장히 적었습니다. 굉장히 적은 예산에도 불구하고 과학적으로 표현하려고 최선을 다해 만들었는데 그렇게 만든 영화가 초대박을 친 것입니다. 그는 〈터미네이터〉 시리즈를 만들어내며 연달아 흥행에 성공하였고 그후 〈아바타〉를 만들면서 오늘날 영화계의 거장이 되었습니다.

이 영화의 주인공을 맡은 아놀드 슈워제네거는 당시 오스트리아식 독일어 억양으로 발음하는 비영어권 이민자 출신의 무명 배우였습니다. 감독은 보디빌딩으로 단련된 그의 근육을 보고 터미네이터 역할에 딱 맞겠다고 캐스팅을 했습니다. 사실 당시 그는 연기도 부족하고 발음도 독특해 영화배우로서의 가능성이 잘 보이지 않았는데, 제임스 카메론의 눈에 띄어 로봇 인간의 배역을 맡은 것입니다. 오히려 몇 개 없는 대사와 딱딱한 발음 때문에 기계 인간에 더 어울렸습니다. 터미네이터라는 독특한 배역과 배우의 개성이 맞아떨어진 것입니다.

영화가 현실이 되고 있다

이제 우리는 이 영화를 단지 40년 전에 만들어진 놀라운 영화로만 추억하기는 어렵습니다. 40년 전에는 공상과학 같은 세계라고만 생각했는데, 반세기도 지나기 전에 영화 속 세계가 점차 현실이 되어가고 있습니다. 우리는 바로 이 점에 주목하지 않을 수 없습니다.

아래 그림은 〈뉴요커〉 잡지의 2017년 10월호의 표지입니다. 그림을 잘 살펴보면 인간인 노숙자가 구걸을 하고, 그 인간에게 로봇이 돈을 주고 있습니다. 이 그림에 그려진 미래상이 성큼 우리 앞에 와버렸습니다. 그야말로 '노동의 종말' 시대가 와버렸고, '잉여인간' 의 시대가 다가왔습니다.

뉴요커 잡지

단순히 재미로 보고 끝낼 일이 아니라 깊이 생각할 점이 많은 충격적인 그림이라고 봅니다. 인간이 인공지능의 지배를 받는 세상이 우리가 살아있는 동안 얼마든지 올 수 있는 것입니다. 영화에서는 40년 전에 이미 예견했지만, 미래학자들은 더 끔찍한 세상이 올 수 있다고 전망합니다.

“

이제 아날로그 자본주의가 끝나고 있으며
디지털 자본주의로 본격적으로 가고 있습니다.
노동자가 인공지능 로봇으로 대체되는 시대는
이미 도래했습니다. 눈에 안 보이는 경제 속에서
눈에 안 보이는 위험이 오고 있습니다.
2045년이면 인류의 일자리는 거의 대부분
인공지능 로봇에 의해 대체될 것이라고 합니다.

”

02

본격적인 진화의 서막

가장 큰 위험은 눈에 보이지 않는다

미래학자 제레미 리프킨도 이미 30여 년 전에 《노동의 종말》이라는 책을 통해 많은 것을 경고한 바 있습니다. 세상은 생산자동화라는 새로운 시대에 진입하고 노동자가 필요 없는 경제로 향해가고 있다는 것, 미래에는 노동자가 없는 디지털 경제로 간다는 것, 그리고 보이지 않는 경제이기 때문에 인간이 점점 필요가 없는 잉여인간 시대가 된다는 것을 경고한 것입니다.

이제 아날로그 자본주의가 끝나고 디지털 자본주의로 가고 있습니다. 노동자가 인공지능 로봇으로 대체되는 시대는 이미 도래했습니다. 눈에 안 보이는 경제 속에서 눈에 안 보이는 위험이 오고 있습니다. 제가 이 책을 쓰게 된 것도 이렇게 급변하는 디지털 자본주의 세상에서 어떻게 살아남을지, 인간이 잉여의 존재가 되지 않으려면 어떻게 해야 할지에 대한 고민하기 위해서였습니다.

차원이 다른 변화가 온다

변화는 매우 빠르게 진행되었습니다. 2007년 애플 창업자 스티브 잡스가 아이폰을 세상에 출시하면서 스마트폰 시대가 활짝 열렸습니다. 그리고 2016년 구글의 인공지능 알파고가 이세돌과 바둑 대결을 통해 인간을 이기는 모습을 온 세상에 알리며 AI 혁명 시대의 서막이 열렸습니다.

다시 8년이 흘러 2024년 테슬라의 일론 머스크는 디지털 경제가 본격화되는 신호탄을 알리는 로봇 택시 발표회 'WE-ROBOT'을 개최했습니다. 이때 인공지능 로봇 옵티머스도 함께 발표회에 등장하여 참여자들에게 충격을 안겨주었습니다. 이는 새로운 시대로의 대전환을 예고한 사건입니다. 이전과는 전혀 다른 엄청난 변화가 일어나고 있는 것입니다.

인간의 일을 기계에 빼앗기는 시대

1700년대에 방적기가 처음 나왔을 때는 산업혁명이 전 세계로 빠르게 확산할 것이라고는 아무도 예상하지 못했습니다. 그런데 산업혁명으로 인해서 세상이 완전히 바뀌어버렸습니다. 마찬가지로 우리는 30년 전 인터넷 혁명으로 정보화 사회가 이렇게 빨리 확산될 거라는 것도 예측하지 못했습니다.

2024년은 인류 역사상 산업 전반에 가장 큰 대전환점으로 기록이 될 것입니다. 스마트 공장 자동화는 물류, 유통, 서비스 산업 등 모든 산업의 기술 발전 역사로 보면 획기적 전환점으로 기억되는 일입니다. 인공지능을 탑재한 휴머노이드 로봇 옵티머스2를 발표하면서 바야흐로 더 이상 인간이 필요 없는 미래 공장의 모습을 선보이고, 내년부터는 이 로봇이 테슬라 공장에 투입되고 향후 20년간 10억 대를 생산할 것이라는 예측을 하고 있습니다.

나아가 2045년이면 인류의 일자리는 거의 대부분 인공지능 로봇에 의해 대체되어 인류의 약 99%가 잉여인간(쓸모가 없는 인간, 남아도는 인간이라는 뜻)**이 될 것이라고 합니다.**

누구나 잉여인간이 될 수 있다

아날로그 자본주의 시대에서 디지털 자본주의로 넘어가는 시대 전환을 이해하지 못하면 우리 대부분은 향후 10년 후에는 기계나 로봇에 의해 대체되는 잉여인간이 될 수밖에 없을 것입니다.

인류가 과거 수만 년간 변화하고 발전한 것과 비교했을 때, 2007년 애플의 스마트폰이 출시된 시점부터 현재까지 17년 간의 변화의 양은 가히 핵폭탄급으로 폭발적이라 할 수 있습니다. AI 혁명이 일어나면서 디지털 경제를 기반으로 하는 새로운 디지털 자본주의 시대는 이미 도래했고 우리는 누구나 잉여인간으로 전락할지도 모르는 현재를 살고 있습니다.

산업혁명 이후

가장 빠르고

치명적인 변화가

우리 눈앞에

도래하였습니다.

“

인공지능 알파고가 세상에 나온 것은
앞으로의 세상이 인공지능이 인간을 능가하며,
지배도 가능하다는 사실을 암시한
충격적인 사건입니다. 대부분의 사람들이
이 일을 그냥 신기한 가십으로 넘겼습니다.
그때만 하더라도 인공지능이 바둑에서 이기는 것이
우리의 삶과 큰 상관이 있다고
생각하지는 못했을 것입니다.

”

03

더 이상 영화 속 이야기가 아니다

인공지능의 급속한 발전

원래 인공지능(AI; Artificial Intelligence)이라는 개념은 1956년 봄 앨런 뉴얼과 허버트 사이먼이 인공지능 프로그램이라는 논리 이론을 개발하면서 세상에 처음 나왔습니다. 그들은 논리 이론가인 버트런드 러셀과 화이트헤드가 공저한 《수학 원리》에 나온 정리들을 순식간에 증명해버렸습니다. 당대의 두 천재보다 더 아름답게 빠르게 증명을 했다고 합니다. 그리고 그해 여름 다트머스대학교에서 인공지능학회가 최초로 열렸습니다. 바로 그때 인공지능이 과학의 한 분야로 확립되었습니다.

그런데 어떻게 70년이 지나고 나서 지금 구현된 것일까요? 사실은 하루아침에 된 게 아니라 그동안 보이지 않는 곳에서 지속적으로 연구 개발이 이루어졌고 이제야 상품화되어 세상 밖으로 나온 것입니다.

1959년에는 마빈 민스키가 MIT에 최초의 인공지능연구소를 세웠습니다. 이후 많은 미국 대학들도 인공지능연구소를 세웠습니다. 1963년에는 미국국방부 산하기관인 국방고등연구계획국이 '인공지능 프로젝트'를 시작했습니다. 이때 음성인식 프로젝트도 같이 시작했는데 이것이 후일 아이폰에 탑재된 인공지능 시리(Siri)의 개념과 기술입니다.

인공지능, 인간의 지능을 넘어서다

그리고 30년이 흘러 1997년 5월 IBM이 만든 인공지능 '딥블루'가 체스 경기에서 인간의 최고수 체스 챔피언과 세기의 대결 끝에 인간을 이기면서 인공지능의 위력을 과시했습니다. 이후 구글, 마이크로소프트, 애플, 페이스북, 테슬라 등 여러 회사에서도 인공지능에 대한 연구와 투자가 진행되면서 그야말로 산업의 전 분야에 걸쳐 인공지능 혁명이 급속히 진행되었습니다.

그 후 14년이 지나서 인공지능 왓슨이 〈제퍼디〉라는 미국 유명 TV 퀴즈쇼에 출연하여 제퍼디 사상 최고 누적 상금을 기록한 브레드 러터를 가볍게 물리치고 승리했습니다. 이로써 공식적으로 인공지능이 인간의 지적 능력을 넘어섰다는 것을 확인시켜 주었습니다.

또한 2012년 세계 최대 이미지 경연대회에 참가해서 압도적인 성적으로 우승한 '슈퍼비전' 이라는 인공지능은 인간의 통제에서 벗어나서 스스로 학습하고 추론하고 판단하는 최초의 인공지능으로 인정받았습니다. 인공지능 분야의 천재 허사비스가 만든 회사 딥마인드의 딥 러닝 기술을 탑재한 인공지능 슈퍼비전은 구글에 의해 2014년 4억 달러에 인수되었습니다.

인간을 지배할 가능성 시사

그 후 불과 2년이 지난 2016년 드디어 알파고(Alpha Go)라는 구글의 딥마인드가 개발한 인공지능 바둑 프로그램이 나왔습니다. 알파고는 여러 국제 기전에서 18번 우승한 세계 최상위급 프로 기사인 이세돌 9단과 벌인 5번의 공개 대국에서 대부분의 예상을 깨고 4승 1패로 승리해 현존 최고의 인공지능으로 등극하면서 세계를 놀라게 했습니다. 이로써 인공지능이 인간의 지능보다 우수하다는 것을 증명한 것입니다.

그 후 알파고2가 개발되어 알파고끼리 서로 수십만 번의 대국을 두는 방식으로 실력을 쌓았고, 2017년 5월에는 당시 바둑 세계 랭킹 1위의 프로 기사였던 커제 9단과의 3번기 공개 대국과 중국 대표 5인과의 상담기(단체전)에서도 모두 승리하며 세계에서 가장 강력한 인공지능임을 다시 한 번 확인시켰습니다.

0.1%의 천재인 허사비스가 만든 인공지능 알파고가 세상에 나온 것은 앞으로의 세상에서는 인공지능이 인간을 능가하는, 아니 지배도 가능하다는 사실을 암시한 충격적인 사건입니다.

대부분의 사람들이 이 일을 그냥 신기한 가십으로 넘겼습니다. 그때만 하더라도 인공지능이 바둑에서 인간을 이긴 것이 우리의 삶과 큰 상관이 있다고 생각하지는 못했을 것입니다.

하지만 8년이 지난 지금 인공지능은 세상을 완전히 통째로 바꿔놓았습니다. 산업 전 분야에서 인간의 역할을 대체하여 인간이 필요 없어지는 시대로 점점 가고 있는 것입니다. 어쩌면 대부분의 평범한 사람들은 잉여인간 시대의 도래를 아무런 대책도 없이 맞이할지도 모릅니다.

인공지능이 그저

바둑이나 체스만 잘 둘까요?

인공지능은

끊임없이

학습하고 발전합니다.

“

미래학자들이 예상하는 예측 데이터에 의하면
앞으로 20년 후 2045년이 되면 현존하는
직업의 90% 이상이 없어질 것이라고 합니다.
물론 인공지능으로 대체되는 것이 꼭 나쁜 것만은
아닙니다. 그러나 어마어마한 기능을 순식간에 해내는
인공지능으로 인해 산업계와 각 분야,
우리 일상생활에 지각변동이 생길 것임은 분명합니다.

”

04 인공지능에 의한 지각변동

20년 안에 직업의 판도가 달라진다

이제는 AI 혁명으로 인해 인공지능이 인간의 일자리를 대체하게 될 것입니다. 따라서 우리는 "이제 어떻게 이 시대를 준비하고 살아남을 수 있을 것인가?"라는 질문을 스스로 해보아야 할 시점에 이르렀습니다.

미래학자들이 예상하는 예측 데이터에 의하면 앞으로 20년이 지나 2045년이 되면 현존하는 직업의 90% 이상이 없어질 것이라고 합니다. 아래 도표를 통해 인공지능이 인간을 대체할 가능성이 높은 직업을 살펴볼 수 있습니다.

2045년에 사라질 직업 상위군

자동화 대체 확률 높은 직업 상위 30개

순위	직업명	대체 확률	순위	직업명	대체 확률
1	콘크리트공	0.9990578	16	매표원 및 복권판매원	0.9903009
2	정육원 및 도축원	0.9986090	17	청소원	0.9894615
3	고무 및 플라스틱 제품조립원	0.9980240	18	수금원	0.9885702
4	청원경찰	0.9978165	19	철근공	0.9876370
5	조세행정사무원	0.9960392	20	도금기 및 금속분무기 조작원	0.9874874
6	물품이동장비조작원	0.9951527	21	유리 및 유리제품 생산직(기계조작)	0.9873264
7	경리사무원	0.9933962	22	곡식작물재배원	0.9851294
8	환경미화원 및 재활용품수거원	0.9927341	23	건설 및 광업 단순 종사원	0.9850730
9	세탁 관련 기계조작원	0.9920450	24	보조교사 및 기타 교사	0.9833265
10	택배원	0.9918874	25	시멘트・석회 및 콘크리트생산직	0.9828177
11	과수작물재배원	0.9912931	26	육아도우미(베이비시터)	0.9801165
12	행정 및 경영지원관련 서비스 관리자	0.9907714	27	주차 관리원 및 안내원	0.9796884
13	주유원	0.9906364	28	판매 관련 단순 종사원	0.9763884
14	부동산 컨설턴트 및 중개인	0.9905343	29	샷시 제작 및 시공원	0.9744252
15	건축도장공	0.9903322	30	육류・어패류・낙농품가공 생산직	0.9733932

인공지능으로 인한 변화 1) 금융

증권투자회사 골드만삭스는 2017년 켄쇼(Kensho)라는 인공지능을 입사시켜 실제 업무에 투입했습니다. 얼마나 일을 잘하나 보았더니 몇천 명이 일하는 것보다 켄쇼 혼자서 일하는 업무 처리량이 훨씬 많고 더 손실 없이 잘 하더라는 얘기입니다.

인공지능 켄쇼는 먹지도 자지도 쉬지도 않고 퇴근도 안 하고 휴가도 안 가고 오직 일만 하고 투정도 부리지 않고 연애도 안 하고 술도 안 먹고 고민도 안 하고 승진 욕심도 없어 싸우지도 않고 사내 갈등도 없이,

수도승처럼 오직 일만 합니다. 당신이라면 누구를 고용하겠습니까? 답은 뻔합니다.

월가의 최고 트레이더 600명이 한 달 가까이 처리해야할 일을 켄쇼는 그냥 3시간 20분 만에 처리해버렸습니다. 이것이 벌써 2017년의 일입니다. 정말 소름이 돋습니다. 어떻게 연봉 10억 원이 넘는 월가 수재들 600명을 인공지능이 혼자 대체할 수 있는지 신기합니다. 이 일로 598명의 트레이더는 회사를 떠날 수밖에 없었습니다. 그리고 남은 2명도 켄쇼의 보조 인력으로 재배치되어 인공지능의 지시를 받는 처지로 전락했습니다. 신기함을 넘어 두려움마저 듭니다.

인공지능으로 인한 변화 2) 의료산업

가천대학교는 2016년에 '왓슨' 이라는 인공지능 의사를 도입했습니다. 길병원도 왓슨를 도입했습니다. 2011년 IBM에서 개발한 인공지능 왓슨은 다음과 같은 정보를 저장한 후 실제 의사로 활동을 시작했습니다.

*8,500개 이상 의료기관의 축적된 의료 정보

*120만 편 이상의 의학 논문

*400만 건 이상의 제약 특허

*1억 명 이상의 환자 정보

*2억 명 이상의 생체 정보

*300억 장 이상의 의료 이미지(X-ray, CT, MRI) 파일

그 결과 인간 의사들의 암 진단 정확도가 평균 80% 수준인 데 비해, 왓슨은 췌장암 94%, 대장암 98%, 자궁경부암 100%의 확률로 진단한다는 결과가 나왔습니다. 특히 폐암의 경우 인간 의사는 정확도가 50%에 불과한데 왓슨은 90%를 진단해 냈습니다. 엄청난 차이로 인간 의사를 압승한 것입니다.

여러분이라면 만약 암에 걸렸을 때 누구에게 진단받고 싶으시겠습니까? 말하지 않아도 답은 정해진 것 같습니다.

게다가 인공지능 왓슨은 인간 의사와 달리 한 번 학습한 내용을 절대로 잊어버리지 않는다는 사실이 우리를 더욱 놀라게 합니다. 이렇게 의료 진단을 하기까지 인간 의사는 40년의 경험이 필요하지만 인공지능은 웬만한 전문의보다 더 족집게처럼 병의 원인을 찾아냅니다.

오진율도 인간 의사는 약 11%인데 왓슨은 오진율이 5% 안팎입니다. 그래서 가천대 병원 의사들은 수술하기 전에 왓슨에게 한 번 더 진단을 의뢰해서 오진율을 줄인다고 합니다.

이처럼 이제 의료계에서도 인공지능이 보편화되고 있는 실정입니다. 국가 차원에서 인공지능 진단 서비스를 의료보험 서비스로 지정 저렴하

게 치료받을 수 있도록 제도 개편 및 정부 예산 지원이 필요합니다.

생명을 다루는 의료업계에서 의사의 오진율을 절대적으로 줄일 수 있는 인공지능 진단 서비스가 점점 늘어나면서 의사 업무도 빠르게 대체될 것으로 전망해봅니다. 나라에서 의사 정원 늘리는 것도 점진적으로 추진해야 하겠지만 인공지능 진단 서비스를 확대해서 대다수 국민이 보편적 서비스를 받을 수 있게끔 정책적으로 지원해주는 것이 국가가 해야 할 일이라고 봅니다.

인공지능으로 인한 변화 3) 법조계

법률 서비스 분야도 완전히 바뀌고 있습니다. '로스'는 IBM이 만든 세계 최초 인공지능 변호사인데, 2016년 5월 뉴욕의 한 로펌 회사에 입사했습니다.

로스는 미국이 독립한 1776년부터 현재까지 지난 243년 동안 미국에서 생성된 모든 법률 문서를 저장하고, 그 문서들을 1초에 10억 장씩을 불러내서 읽고 분석하고 적용하는 능력을 발휘했습니다. 인간 변호사가 300건을 처리하는 동안 인공지능 변호사는 60만 건을 처리하는 능력을 가졌습니다.

그 결과 JP모건 사내 법무팀이 매년 약 1만 2천 건의 계약 업무를 처리하는 데 약 36만 시간이 소요된 반면, 자체 개발한 인공지능 변호사에게 같은 업무량을 맡겼더니 다 처리하는 데 단 몇 분도 걸리지 않았습니다. 인간 변호사가 하는 일을 다 빼앗고 있는 현실입니다. 인건비를 80% 절감할 수 있는데 누구를 고용할까요?

만약에 미래 법조계에서 판사가 인공지능 판사로 대체된다면 어떻게 될지도 궁금합니다. 인공지능 판사는 인간관계, 사상적 편향성, 가치관에 따라 판결이 좀 달라질 수 있는 인간 판사와 달리, 오로지 법률 해석을 통한 공정한 판결을 내리지 않을까 예상해 봅니다.

아마도 미래에는 공정한 인공지능 판사가 나타나 '유전무죄 무전유죄' 라는 폐단이 사라질지도 모르겠습니다. 그렇다면 인공지능으로 대체되는 것이 꼭 나쁜 것만은 아닌 것 같습니다.

우리나라 대법원도 조만간 개인 회생, 파산 같은 단순하면서도 법리 해석이 명확한 사건부터 재판 과정이 거의 동일한 소송 건들에 대해서 판사들이 일일이 처리하는 대신 인공지능 판사를 도입하려는 계획이 있다고 합니다.

인공지능 판사는

인간보다

더 공정하게

편견 없는 판결을

내려줄지도 모릅니다.

“

Chat GPT는 사람과의 대화를 자연스럽게 이어가며,
질문에 대한 정확한 답변, 정보 제공, 창의적인
글 작성 등 다양한 기능을 제공하였습니다.
그보다 더 향상된 성능을 지닌 GPT-4는
이전 모델들보다 더 뛰어난 추론 능력과
문맥 이해 능력을 보여주었으며, 보다 정확한
정보 제공과 복잡한 문제 해결에서
강점을 보였습니다.

”

05

AI 혁명의 대표 주자 Chat GPT의 등장

우리 생활 속에 자리 잡은 인공지능

Chat GPT는 OpenAI가 개발한 GPT(Generative Pretrained Transformer) 계열의 모델 중 하나로, 지속적인 연구와 혁신을 거쳐 현재의 고도화된 대화형 AI로 발전하였습니다.

2022년 11월, Open AI가 GPT-3를 기반으로 한 대화형 AI 모델인 Chat GPT를 출시했습니다. Chat GPT는 사람과의 대화를 자연스럽게 이어가며, 질문에 대한 정확한 답변, 정보 제공, 창의적인 글 작성 등 다양한 기능을 제공하였습니다. 특히 사용자와의 상호작용에서 문맥을 잘 유지하며 인간처럼 대화할 수 있다는 점에서 큰 주목을 받았습니다.

Chat GPT는 교육, 고객 서비스, 콘텐츠 작성, 프로그래밍 지원 등 다양한 분야에서 활용될 수 있으며, 이는 AI 기반의 실용적인 응용을 보여주었습니다.

그 후 2023년에 더 고도화된 GPT-4를 발표하면서 Chat GPT의 성능을 한 단계 더 끌어올렸습니다. 파라미터 수는 공개되지 않았으나 훨씬 더 강력한 다중 모달 능력을 갖추고, 텍스트와 이미지를 동시에 이해하고 처리할 수 있는 기능을 제공하였습니다. 향상된 성능을 지닌 GPT-4는 이전 모델들보다 더 뛰어난 추론 능력과 문맥 이해 능력을 보여주었으며, 보다 정확한 정보 제공과 복잡한 문제 해결에서 강점을 보였습니다.

이제 Chat GPT 활용은 선택이 아닌 필수

특히 GPT-4는 특정 언어나 문맥을 정확하게 이해하고, 다양한 언어 간 번역에서도 우수한 성능을 보입니다. Chat GPT의 활용 범위도 확장되고 있습니다. GPT-4는 Chat GPT의 대화 품질을 크게 향상시키며, 비즈니스, 교육, 창의적인 콘텐츠 생성 등의 다양한 분야에서 더욱 효과적으로 활용될 수 있습니다.

2023년부터 Chat GPT의 상용화와 Chat GPT Plus라는 유료 서비스를 출시하여, 더 빠르고 고급 기능을 제공하는 모델을 사용자들에게 제공했습니다. GPT-4 기반의 Chat GPT Plus는 월간 요금을 지불하는 사용자에게 빠른 응답 속도와 우수한 성능을 제공하며, 더 높은 정확도와 다양한 기능을 경험할 수 있게 했습니다.

또한 기업과 산업 부문의 활용도가 높아지고 있습니다. Chat GPT는 기업이 고객 서비스를 개선하거나, 자동화된 콘텐츠 생성, AI 기반 분석 등의 업무를 처리하는 데 폭넓게 사용되며, 산업 전반에 걸쳐 AI 혁신을 촉진하는 도구로 자리 잡았습니다.

따라서 인공지능 디지털 시대에 Chat GPT를 활용하는 사람과 못하는 사람 간의 능력 차이는 어마어마한 차이가 날 것입니다. 아마도 돌도끼와 기관총을 사용하는 정도의 차이일 것입니다. 여러분도 반드시 Chat GPT 활용법을 배우고 익혀 협업하는 능력을 키워야 합니다.

“

모든 산업 분야에 인공지능이 침투되고 일상화되고 있습니다. 인공지능에 대체되지 않는 분야도 있지만 대부분의 일자리는 모두 대체될 것이라는 전망입니다. 방송, 교육, 법률, 의료, 건축, 노동, 그래픽디자인까지 싹 다 바뀌고 있는 것입니다.

다가오는 시대에는 어떻게 하면 인공지능에 대체되지 않고 살아남아 인간 고유의 영역을 지킬 수 있을지 방법을 찾아야 합니다.

”

06 인공지능이 초래하는 중대한 위험

인공지능의 경고

이젠 AI 혁명으로 세상이 바뀌고 있습니다. 모든 산업 분야에 인공지능이 적용하는 일이 일상화되고 있습니다. 인공지능에 대체되지 않는 분야도 있지만 대부분의 일자리는 모두 대체될 것이라는 전망입니다. 방송, 교육, 법률, 의료, 건축, 노동, 그래픽디자인까지 싹 다 바뀌고 있는 것입니다.

5년 전쯤 이지성 작가의 《에이트(8)》라는 책을 읽을 때만 해도 '설마 그렇게까지 빨리 인공지능 시대가 될까?' 생각했는데 5년이 지나고 보니 더더욱 섬뜩하게 다가옵니다.

특히 최근 발표된 생성형 AI Chat GPT-4를 보면 이미 인공지능이 인간을 뛰어넘은 듯한 성능을 보이고 있고 조만간 추론형 AGI의 개발로 인해 정말로 스스로 생각하고 추론도 가능한 인격체를 가진 새로운 종이 만들어질 것 같습니다. 실제로 오픈AI 내에서도 개발의 위험성에 대해 갑론을박 하고 있는 상황입니다.

따라서의 앞으로 다가오는 시대에는 어떻게 하면 인공지능에 대체되지 않고 살아남아 인간 고유의 영역을 지킬 수 있을지 방법을 찾아야 합니다. 이미 인공지능은 경고의 메시지를 던지고 있습니다.

일론 머스크의 우려

일론 머스크는 인공지능의 발전이 인류에게 중대한 위험을 초래할 수 있다고 여러 번 경고했습니다. 그의 주장은 AI의 통제 문제, 안전성, 윤리적 책임, 실존적 위험 등에 대한 우려를 담고 있습니다 그는 "AI를 부주의하게 다룰 경우, 그것은 악마를 소환하는 것과 같다(With AI, we are summoning the demon. - 2014)."라고 비유했습니다. 또한 그는 다음과 같은 이야기를 했습니다.

"AI는 우리 문명에 가장 큰 위협 중 하나다(AI is one of the biggest risks to civilization. - 2017)."

"AI를 조심하지 않으면, 인간의 종말을 초래할 수도 있다(If not

carefully managed, AI could pose an existential risk to humanity. - 2018)."

또한 AI의 개발 속도가 너무 빨라 적절한 안전장치와 규제가 마련되지 않은 상태에서는 위험이 가중될 수 있다고 경고했습니다.

“

미래 사회에 대해 예측한 연구에 의하면
10만 명 중 3명 빼고 나머지는 AI 밑에서
잉여인간으로 간신히 입에 풀칠하면서 먹고사는
인간으로 전락하게 된다고 합니다.
당초에 2090년 정도 되면 그런 세상이 될 거라고
했지만, 요즘에는 훨씬 앞당겨지고 있습니다.
아무리 공부 잘하고 부를 소유했어도
인공지능 밑에서 일하게 될지 모릅니다.

”

07 대비하지 않으면 최하층 계급으로 전락한다

미래사회보고서의 사회계급

서울대 건설환경공학부 유기윤 교수가 몇 년 전 국가로부터 '미래의 사회계급 구조는 어떻게 되는가?' 라는 전망에 대해 용역을 받아서 발표한 미래사회 보고서가 있습니다.

보고서에 의하면 미래사회의 계급은 이렇게 바뀐다고 합니다. 1등 계급은 앞으로 제품이 되는 플랫폼 기술을 소유한 0.01%의 극소수의 사람이고, 2등 계급은 그 플랫폼의 발전을 도와 협업해서 살아남는 0.02%의 스타들입니다. 이런 사람들만이 1등, 2등 계급이 될 수 있습니다.

그렇다면 나머지 99.997%의 보통 인간은 3등급이 될까요? 아닙니다. 사회 전반의 일자리를 차지하는 3등급은 인간이 아니라 인간의 일자리를 대체할 인공지능입니다. 그리고 인공지능이 못하는 허드렛일을 하는 사람들이 4등급인 프레카리아트(precariat) 계급이 됩니다.

즉 10만 명 중 3명 빼고 나머지는 AI 밑에서 잉여인간으로 간신히 입에 풀칠하면서 먹고사는 인간으로 전락하게 되는데, 2090년 정도 되면 그런 세상이 될 거라고 합니다.

플랫폼을 장악한 자와 그렇지 않은 자

제1계급: 플랫폼 회사를 소유한 기업인 0.001%

제2계급: 플랫폼과 협업하는 인기 정치인, 연예인 등 스타 0.002%

제3계급: 인간이 아닌 사회 전반의 일자리를 대체할 AI 인공지능

제4계급: 나머지 99.997% 단순 노동자. 인공지능에 대체되는
일명 프레카리아트(불안정한 부류)

2090년 미래 계급 전망

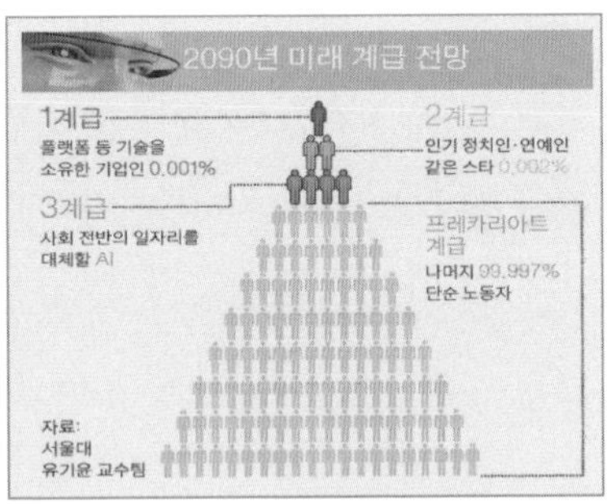

즉 플랫폼을 소유하거나 아니면 플랫폼 비즈니스 환경 안에서 같이 협업하면서 동업자처럼 먹고사는 영향력을 행사하는 소위 '스타들' 이 있고, 나머지 99.997%는 인공지능에 대체되어 최하층민으로 전락하여 새로운 난민이라고 칭하는 프레카리아트 층으로 재편되는 것이 미래 사회의 계층 구조라는 것입니다.

"

스스로 학습하면서 인간의 일을 대신하는 기능뿐만
아니라 스스로 자율주행을 하는 등, 인간이 시키는
일만 하는 것이 아니라 스스로 일을 찾아서 하는
단계까지 진화하였습니다. 인간의 지시를 받아서
입력값을 넣어야 움직이는 로봇이 아니라,
진짜 사람처럼 스스로 생각하고 학습하는
인공지능 로봇이 우리 앞에 현실이 된 것입니다.

"

08

예상보다 앞당겨진 미래 사회

사람처럼 생각하고 학습하는 로봇

인공지능 발전에 따른 미래 계급사회의 도래는 원래는 2090년 정도에 올 것이라고 예견되었습니다. 그런데 이것이 2045년으로 당겨졌습니다. 왜냐하면 당초 인공지능 기술의 발전 속도가 이렇게까지 빠를 것이라 아무도 예상하지 못했기 때문입니다.

인공지능의 학습 속도는 그야말로 기하급수적입니다. 2021년도에 나온 테슬라의 첫 번째 옵티머스 모델과 비교가 안 될 만큼 업그레이드가 되어 새로 나온 옵티머스2 모델은 그야말로 놀랍습니다. 인간이 하는 일을 스스로 학습하면서, 일을 대신하는 로봇 기능뿐만 아니라 스스로 자율주행을 하는 등, 인간이 시키는 일만 하는 것이 아니라 스스로 일을 찾아서 하는 단계까지 진화하였습니다. 인간의 지시를 받아서 입력값을 넣어야 움직이는 로봇이 아니라, 진짜 사람처럼 스스로 생각하고 학습하는 인공지능 로봇이 우리 앞에 현실이 된 것입니다.

인공지능의 발전 속도는 지금 이 순간에도 가속화되고 있습니다. 2045년까지 가지 않더라도 앞으로 10년 정도만 지나면 전 세계 모든 공장에서는 테슬라의 옵티머스2 혹은 좀 더 진화된 옵티머스3가 사람을 대신할 확률이 높습니다.

아득한 미래의 일이 아닌 이유

그런데 이토록 놀라운 기능을 수행하는 옵티머스2는 엄청 비싸지 않을까요? 생각보다 비싸지 않습니다. 한 대당 2,800만 원 정도로 대량생산이 가능한 모델이라고 합니다. 당장 올해부터 바로 테슬라 공장에 옵티머스2가 투입될 것이며, 그러면 일론 머스크 입장에서는 10년 내로 약 10억 개의 옵티머스 로봇을 생산하여 전 세계 공장을 완전 자동화 공장으로 만들 수 있을 것입니다. 사람이 필요하지 않은 미래 사회의 공장이 현실로 와버린 것입니다.

테슬라에서 업그레이드해 만든 로봇 옵티머스2는 스스로 생각하고 사물을 파악하고 혼자서 알아서 돌아다니고 스스로 학습한 것을 반복하면서 진화하는 인공지능 로봇으로, 가격도 단돈 2,800만 원밖에 하지 않습니다. 올해부터 테슬라 공장에 투입되어 인간과 함께 자유롭게 일하는 광경을 보게 될 예정이라 하니, 아마도 빠른 시일 내로 공장에서는 인간이 필요하지 않는 세상이 올 것 같습니다. 참고로 옵티머스2는 음악에 맞춰서 춤도 추고 친절하게 주스도 타주는 웨이터 역할도 척척 잘합니다. 가정 서빙용 로봇 기능도 물론 있습니다.

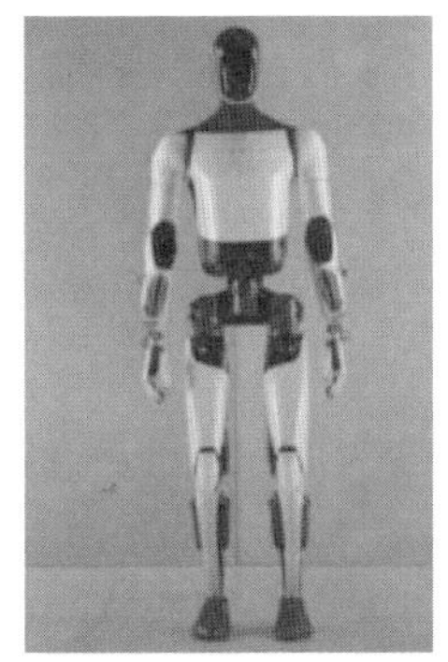

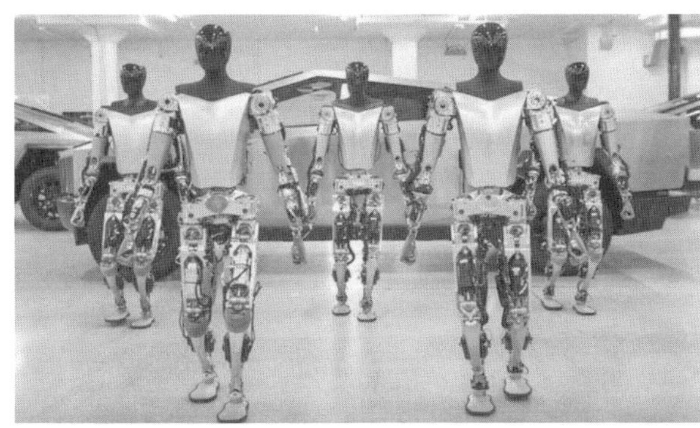

인공지능 로봇 출처: 네이버

산업과 생활 전반에 보급되는 인공지능 로봇

그야말로 '노동의 종말' 과 '소유의 종말' 이 동시에 가속화되어 다가오고 있는 상황입니다. 로봇이라는 새로운 도구의 등장을 통해서도 산업 전반에 다양한 수요가 생기면서 계속 적용되고 있습니다.

교촌치킨 체인점이 뉴로메카가 만든 로봇 팔, 튀김용 로봇 팔을

1,800개가 넘는 체인점에 보급하면서 닭 튀기는 직원들을 자르고 로봇 팔로 대체하고 있습니다. 왜 이런 현상이 일어날까요? 로봇 팔 한 대에 약 2천만 원 정도 한답니다. 일시불이 아닌 3년 할부로 설치해줍니다. 약 월 50~60만 원 정도면 주방장 없이 닭튀김이 가능하게 된 겁니다.

만약 여러분이 튀김집 주인이라고 합시다. 250~300만 원 주는 튀김 주방장을 계속 채용할까요? 채산성이 떨어지는데 튀김 주방장을 쓰겠습니까? 그냥 할부로 60만 원 주고 로봇을 쓰겠습니까? 로봇 팔은 자지도 않고 불평불만도 하지 않고 기름에 손이 데이지도 않고 임금 올려달라고도 안 하고 휴가도 안 가고 일만 할 텐데 말입니다.

여러분이 사장이라면 로봇 팔로 바꾸지 않을까요? 이미 2023년부터 도입시켜 전국 매장에 쭉 깔고 있습니다. 기업은 생존하기 위해서 생산성과 단가를 낮추기 위해서 지금 이렇게 노력하고 있습니다.

요즘 무인 카페도 많이 생겨나고 있습니다. 사람이 아무도 없고 그냥 알아서 손님이 주문하고 먹는 시스템입니다. 로봇이 알아서 피자도 구워 줍니다. 피자도 굽고 배달 로봇이 배송도 나가는 세상이 온 겁니다.

많은 할인 매장이 지금 어떻게 배송하고 있나요? 물류 창고에서 분류하고 택배차로 일일이 사람이 배달합니다. 그러나 아마존은 가까운 미래에 드론을 이용한 배달 시스템을 구축한다고 합니다. 그럼 그동안 배달하면서 먹고 살던 오토바이 배달부들은 어떻게 되나요? 다 집으로 가는 겁니다. 관공서나 안내 서비스 제공하는 곳에 가보면 이제 안내 로봇이 친절하게 안내해줍니다. 모든 것이 변화하고 바뀌고 있습니다.

인간으로서 우리는 누구인가?

얼마 전 인공지능 로봇과 기자회견 하는 과정에서 기자가 곤란한 질문을 하니까 로봇이 기자를 째려보는 장면을 TV를 통해 본 적이 있습니다. 기분이 참 묘했습니다. 만약에 미래학자들이 예견한 것처럼 AI 인공지능이 탑재된 로봇이 전 세계 공장에 배치되면 우리 같이 대체 가능한 노동력을 지닌 사람들은 대부분 잉여인간이 될 운명에 처하고 마는 것인지 심각하게 고민해야 할 시점입니다.

인공지능이 지배하는 시대가 되면 정말 '나는 누구인가?', '무엇을 해야 생존할 수 있을까?' 라는 정체성 문제를 생각하지 않을 수 없습니다.

제4차 산업혁명 시대, 인공지능 시대라고 하면 우리와는 상관없는 먼 미래의 일인 줄 알았는데, 멀지 않은 미래에 인공지능 기능이 탑재된 로봇에 의해서 인간의 일자리의 대부분이 사라지는 시대가 눈앞에 성큼 다가왔습니다. 앞으로는 성공에 대한 개념도 바꿀 필요가 있습니다. 아무리 똑똑하고 명문대를 졸업하더라도 일자리를 빼앗길 수 있기 때문입니다. 우리는 이런 사회가 다가오는 것에 대비해야 합니다.

“

앞으로 다가올 미래에는 플랫폼을 갖고 있는 사람과
갖고 있지 않은 사람의 계급이 완전히 달라진다는
것이 중요합니다. 노동의 종말이 오고 있고, 우리는
생산자동화라는 새로운 시대에 진입하고 있으며,
노동자 없는 경제로 가고 있습니다. 그 길이 안전한
천국으로 안내할 것인지 또는 무서운 지옥으로
안내할 것인지 여부는 아직은 알 수 없습니다.

”

09

플랫폼을 창조하라

과거의 성공법칙은 잊어라

10만 명 중 99.997%는 **잉여인간이 될 것이라고 경고하는 미래사회 계층 전망 보고서에서는 "플랫폼을 소유한 기업인이 되든지, 아니면 플랫폼 기업과 협업하는 부류의 사람이 되든지, 생존하려면 이 방법밖에 없다"라고 경고하고 있습니다.** 인공지능에 의해 대체될 수 있는 노동력을 지닌 보통 사람들은 난민 계층으로 전락하게 될 것이라는 것입니다. 그런데도 방법은 찾으려 하지 않고 대안 없이 머무른다면 정말 한심한 일이 아닌가 싶습니다.

물론 냉혹한 현실에서 매일 먹고 사는것도 숭고한 일입니다. 하지만 평생을 열심히 노력해도 이루지 못했던 재정적인 자유인데, 또 다시 과거의 방식대로만 노력을 반복한들 인생의 굴레가 달라질까요?

이제는 결단을 해야 할 때입니다. 용기를 내셔야 합니다. 똑똑하고 안 똑똑하고, 전문 지식이 있고 없고, 명문대를 나오고 안 나오고, 이게 중요한 게 아닙니다. **앞으로 다가올 미래에는 플랫폼을 갖고 있는 사람과 갖고 있지 않은 사람의 계급이 완전히 달라진다는 것이 중요합니다.**

노동의 종말과 소유의 종말

지금의 현상들을 이미 30년 전에 예견한 제레미 리프킨은 미래를 예측하는 경고의 메시지가 담긴 두 권의 책을 저술합니다. 첫 번째는《노동의 종말》이고 두 번째는《소유의 종말》입니다.

우선 1995년에 나온《노동의 종말》에는 바로 잉여인간(leftover humans)의 개념이 나옵니다. 과거 산업혁명은 영국에서 시작되어 미국에서도 똑같이 방직공장이 생겨났습니다. 이때 미국에서는 이런 일이 벌어집니다. 흑인 노예들이 목화를 수확하고 양털 깎는 일을 했었는데 방직공장이 기계화되니 흑인 노예들의 노동력이 쓸모가 없어졌습니다. 이로 인해 인구 이동 현상까지 일어나, 흑인 노예들이 남부로 이동하게 되었습니다.

이 현상에서 알 수 있듯이 기계 문명이 인간의 일자리를 점점 빼앗는 현상이 보편화되다 보면 인간은 누구나 잉여인간이 될 수밖에 없다는 것입니다. 노동의 종말이 오고 있고, 우리는 생산자동화라는 새로운 시대에 진입하고 있으며, 노동자 없는 경제로 가고 있습니다.

그 길이 안전한 천국으로 안내할 것인지 또는 무서운 지옥으로 안내할 것인지 여부는 아직은 알 수 없으며, 우리가 어떻게 준비하느냐에 따라 달려 있다는 것, 노동의 종말은 문명사회에 사형선고를 내릴 수도 있지만 새로운 미래 정신의 재탄생의 신호일 수도 있다는 것, 그러니까 노동의 종말이라는 변화 상황에서도 인간이 노동에 착취당하는 예속 상태에서 벗어나면 좀 더 발전될 수 있다는 낙관적 전망으로 이 책은 마무리 됩니다.

“

테슬라의 일론 머스크가 2008년 전기자동차 산업에
뛰어들 때도 많은 사람이 ‘안 된다’고 했습니다.
그러나 현재 테슬라는 전 세계 전기자동차 시장의
약 50%를 점유한 세계적인 회사가 되었습니다.
이제는 실제적으로 자율주행 서비스를 미래 먹거리로
삼아 진화하는 플랫폼 회사로
무인 자동차 시대를 이끄는 중입니다.

”

10

자율주행 시대로의 진화를 촉발한 인공지능

전기자동차 발전의 역사

일반적인 상식과 달리 전기자동차는 가솔린 엔진 내연자동차보다 먼저 발명되었습니다. 1837년 영국 스코틀랜드의 로버트 데이비슨이 최초의 전기기관차를 발명하였습니다.

1881년 4월에는 프랑스의 발명가 귀스타브 트루베가 세계 최초의 충전식 전기차를 만들어 사람을 태우고 파리 시내에서 주행 테스트에 성공했습니다. 이후 1890년대 후반에서 1900년대 초반에 걸쳐 전기자동차는 급속도로 보급되었습니다. 우리가 잘 아는 에디슨도 1910년에 2차전지 방식의 전기차를 만들었습니다.

출처:네이버

전기자동차는 1900년대 초반의 휘발유 차량과 비교해서 냄새, 진동과 소음이 적었으며 기어를 바꿔줄 필요도 없었습니다. 크랭크를 사용해 직접 엔진에 시동을 걸어줘야 했던 당시의 휘발유 차량에 비해 시동을 걸기 쉽다는 점도 각광받았습니다. 1900년의 시점에는 미국 자동차의 40%가 증기자동차, 38%가 전기자동차, 22%가 휘발유자동차였습니다. 미국은 33,842대의 전기자동차가 등록되어 전기자동차가 가장 대중화된 나라가 되었습니다.

초창기 전기자동차들은 상류층 소비자를 위해 화려하게 꾸며진 거대한 승용차였습니다. 이들은 고급스러운 내부와 값비싼 재료로 치장되어 있었습니다. 전기자동차의 판매량은 1910년대 초반에 정점을 찍었습니다.

그러던 중 자동차의 대중화를 이끈 포드는 1903년 모델T를 개발하여 내연기관을 탑재한 자동차를 대량생산하는 컨베이어 시스템을 도입하여 '마이카 시대' 를 열었습니다. 그후 전 세계에서 가장 큰 산업시장으로 발전해왔습니다. 우리가 상식과는 좀 다르게, 내연자동차보다 전기자동차가 더 먼저 개발되었지만 이후 석유를 이용한 내연자동차가 주류를 이루면서 지금까지 발전해온 것입니다.

무인 전기자동차가 의미하는 것

그런데 1990년 후반에 들어오면서 휘발유자동차에 의한 환경오염 문제가 대두되었습니다. 참 아이러니한 것은, 1996년 제너럴모터스(GM)는 최초의 현대적인 양산 전기차로 볼 수 있는 EV1을 개발하였습니다. EV1은 미국 캘리포니아 지역에서 임대 형식으로 보급되었으나, GM은 수요가 크지 않아 수익성이 낮다는 이유로 1년 만에 EV1의 조립 라인을 폐쇄하였습니다. 그 결과 오늘날 테슬라가 전기차 시장을 장악하는 틈새를 제공한 것입니다.

테슬라의 일론 머스크가 2008년 전기자동차 산업에 뛰어들 때도 많은 사람이 '안 된다' 고 했습니다. 그러나 현재 테슬라는 전 세계 전기자동차 시장의 약 50%를 점유한 세계적인 회사가 되었습니다. 100년 된 포드, GM, BMW, 벤츠의 자동차 시가 총액을 다 합한 것보다 높은 가치를 인정받고 있습니다.

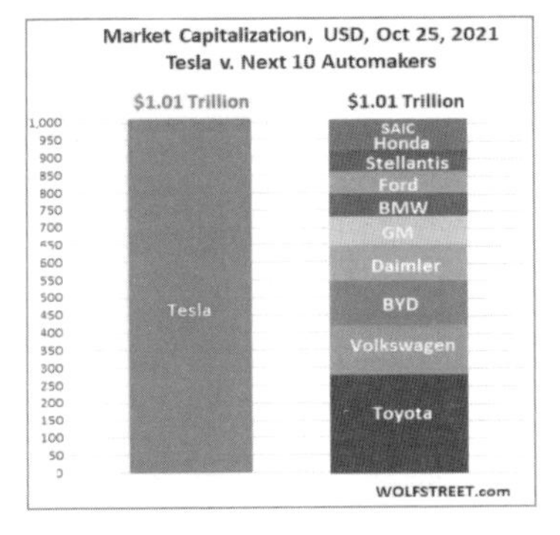

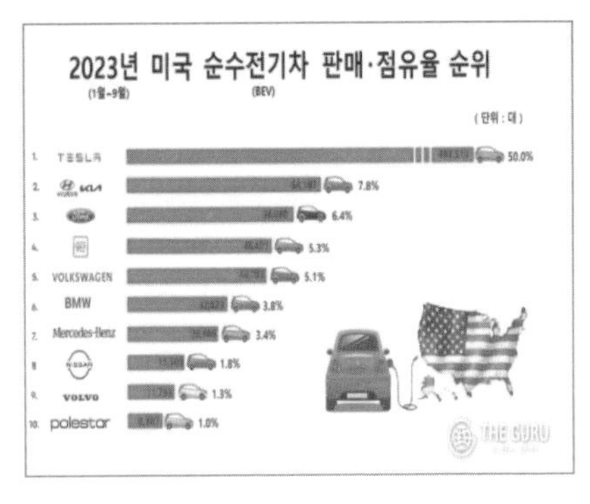

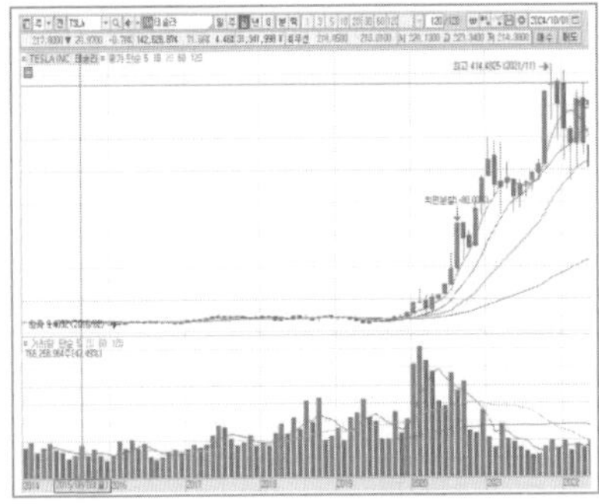

그리고 이제는 실제적으로 자율주행 서비스를 미래 먹거리로 삼아 진화하고 있는 플랫폼 회사로 무인 자동차 시대를 이끌고 있는 중입니다. 곧 FSD 자율주행이 가능한 택시 출시를 앞두고 있습니다.

단순 자동차가 아닌 돈 벌어주는 수단

인공지능은 이제 먼 미래가 아닌 현재 이미 와 있는 문제입니다. 이미 와 있는 미래 중 하나가 테슬라에서 발표한 'WE ROBOT' 행사의 로봇 택시 출시입니다.

로봇 택시는 완전 자율주행 가능한 자동차 컨셉으로 무인 운전이 가능한 자동차입니다. 앞으로 미래는 인간이 차를 소유하는 개념이 아니라 차를 사서 돈을 버는 개념으로 바뀌게 됩니다. 무슨 얘기냐 하면 여러분이 테슬라에서 차를 사면, 이 차를 가지고 출근하고 주차장에 세워두는 것이 아니라, 택시 모드로 전환시켜 놓으면 자기가 알아서 택시 운전을 하고 돌아다니면서 돈을 벌어오는 겁니다. 로봇 택시가 돈 벌어 오고 퇴근할 때쯤 시간 맞춰 주인 직장 앞에 다시 와서 그걸 타고 집에 갑니다. 집에 가서 주차가 끝난 다음에는 다시 야간 활동할 수 있는 대리운전으로 모드를 바꾸면 밤새도록 대리운전하고 와서 또 출근을 시켜줍니다.

미래에 여러분은 이렇게 돈 벌어다주는 로봇 택시를 사실 건가요? 아니면 돈을 쓰면서 자가용을 타실 건가요?

미래 자동차 시장에도 커다란 변화의 물결이 일고 있습니다. 일론 머스크는 트럼프 정부에서 아마도 자율주행 서비스의 법적 규제를 풀면서 본격적으로 자율주행 시대를 열어갈 것입니다. 그럼 조만간 인간이 운전하지 않는 세상에 살게 될 겁니다.

다가올 미래에 대비하기

역사학자와 미래학자가 얘기하는 것이 맞아떨어지고 있습니다. 플랫폼을 소유한 자, 창의적인 0.1%, 그리고 그들과 협업하는 0.9%, 극소수의 1%를 제외한 나머지 99%는 잉여인간이 됩니다.

40년 전의 영화 〈터미네이터〉, 제레미 리프킨이 30여 년 전 예측한 노동의 종말 시대, 역사학자 유발 하라리가 《사피엔스》라는 책에서 이야기한 인간 소외 현상들은 영화나 책 속의 이야기가 아닙니다. 19세기 산업혁명이 일어날 때에는 '새로 대두된 노동자 계급을 어떻게 할 것이냐'가 질문이었다면 이제는 '인공지능의 발전으로 일자리가 없어진 잉여인간 수십억 명을 어떻게 처리해야 하는가' 를 고민할 때라고 합니다.

그렇다면 잉여인간이 아니라 주인으로 살 수는 없는 것일까요? 위험에 대한 협박만이 아닌 대안은 무엇일까요? 이런 디지털 자본주의 시대에 살아남고 성공하려면 어떻게 해야 할지, 작은 실마리를 제공하는 것이 이 책의 목적입니다.

이제 인간은

자동차를 운전할

필요가 없어졌습니다.

진정한 주인이

되어야 합니다.

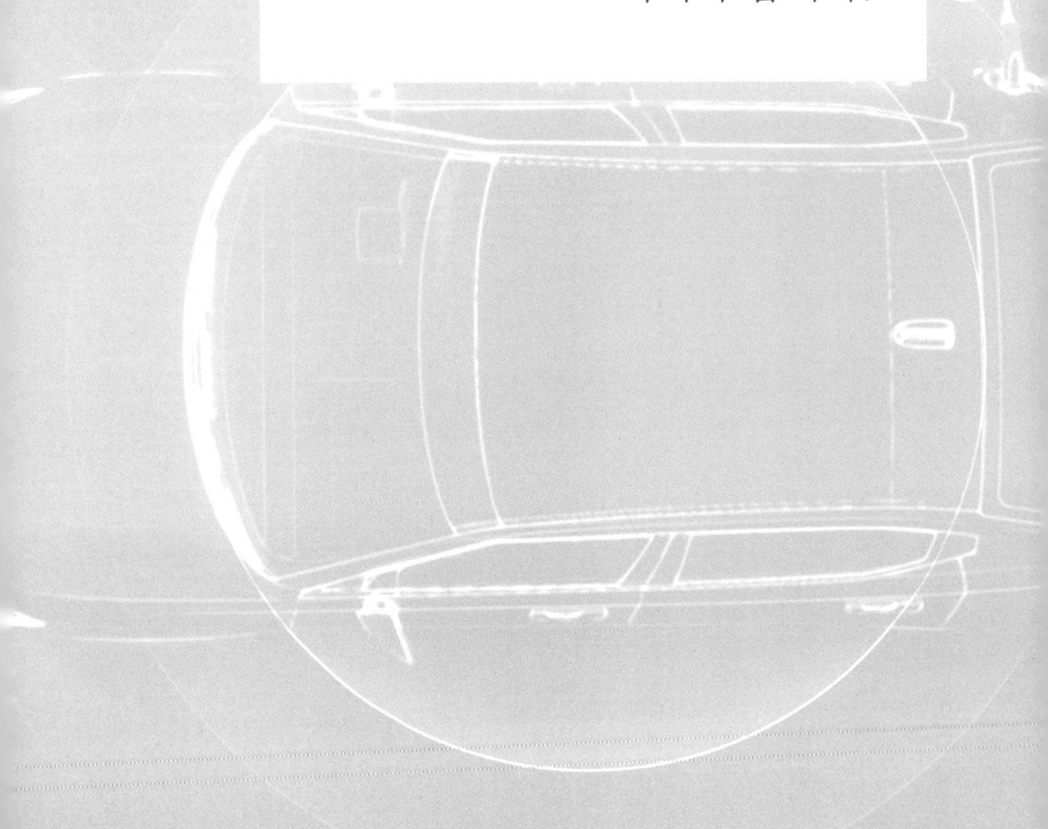

3장

인류 역사는 도구 선택의 역사

“

좋은 도구를 만드는 것이 성공의 관건입니다.
좋은 도구의 선택이 능력이고 힘이 됩니다.
마찬가지로 인류가 진화하는 과정에서 100만 년
전부터 인류는 새로운 도구를 선택하면서
발전하고 역사를 이끌어왔습니다. 인류 역사는
도구의 선택의 역사입니다. 우물 안 개구리처럼
변화를 멈춘 대가는 늘 혹독했다는 것을
반드시 기억해야 합니다.

”

01

좋은 도구의 선택이 능력이고 힘이다

인류의 발전은 도구 선택에서 비롯되었다

어떤 사업이든 좋은 아이템을 찾으면 성공한다고 합니다. 아이템은 바로 아이디어에서 나오는데, 이 아이디어는 생각에서 나옵니다. 아이디어를 형상화하여 만들면 도구가 됩니다. 좋은 도구를 만드는 것이 성공의 관건입니다. 그래서 좋은 도구의 선택이 능력이고 힘이 됩니다.

마찬가지로 인류는 100만 년 전부터 새로운 도구를 선택하면서 발전하고 역사를 이끌어왔습니다. 인류 역사는 도구의 선택의 역사입니다. **인류 역사가 이 도구의 선택에 따라 어떤 변화를 해왔는지를 알아봅시다.**

최초의 인류는 100만 년 전에 불을 만들어냅니다. 불이라는 도구를 만들어 어둠을 이겨내는 힘을 갖게 되었습니다. 불의 발견은 인류 역사에 큰 변화를 가져왔습니다. 그 전에는 불이 없었어요. 똑같이 짐승의 세계에서 암흑 속에서 살았기 때문에 밤이 되면 다 잡혀 먹히고 죽게 되니까 동굴로 들어갔습니다.

그러다가 100만 년 전에 불이 나오니까 불이 무기가 되고 밤을 밝힐 수 있어서 일반 동물보다 우월한 존재가 된 겁니다. 인간은 발톱도 없고, 맹수처럼 이빨도 날카롭지 않아서 질긴 고기를 먹을 수도 없고, 새처럼 날개도 없고, 뱀처럼 독도 없습니다. 그러니까 무서운 동물과 맞서 싸울 힘이 없었는데 불을 갖게 되면서 스스로를 지킬 수 있는 힘이 생긴 겁니다.

우리는 생각하고 도구를 만드는 인류

이처럼 도구의 선택이 인류 역사를 완전히 바꿔 놓았습니다. 밤에 공포에 떨었던 인간이 동굴로 들어와 불을 피우고 편안히 쉴 수 있는 환경이 되면서 좀 더 생각하고 사색할 수 있는 여유를 가집니다. 생각하는 동물 '호모 사피엔스' 의 탄생입니다.

100만 년 전에 오스트랄로피테쿠스(southern ape), 그다음에 호모 에렉투스(직립한 사람), 그다음에 호모 네안데르탈렌시스, 호모 하이델베르

겐시스, 크로마뇽인, 이런 멸종된 인류의 종들을 중학교 때 배운 것이 기억나십니까? 우리 현생인류는 호모 사피엔스, 즉 생각하고 지식을 습득할 줄 알며 도구를 만들어 사용하는 인류입니다.

호모 사피엔스가 자신에게 부족한 것을 생각하고 상상한 것을 도구로 만들기 시작하면서 인류 역사는 엄청난 속도로 진화해왔습니다. 그 첫 번째 도구가 바로 돌도끼입니다. 이를 계기로 석기시대가 열립니다. 돌도끼를 사용하던 시기인 약 5만 년이 지나고 청동기가 나옵니다. 기원전 3500년, 석기를 가졌던 어떤 인류가 청동기를 만들어냈습니다. 구리와 다른 금속을 녹여서 청동검을 만들어낸 겁니다.

청동검을 만든 인간이 힘을 가지면서 수만 년의 수렵 생활을 끝내고 정착 문화가 생겼습니다. 바로 농경사회로 넘어가면서 지배 계층이 생기기 시작합니다. 그래서 청동검을 가진 사람이 부족의 왕들로 탄생합니다. 이 청동기 시대가 진행되면서 3500년을 흘러가다가 철재를 녹여서 합금의 과정을 거쳐 강철검을 만들어내면서 철기 시대가 열립니다.

무기 하나가 생사를 좌우한다

철기 시대가 나오면서 바로 로마 제국이 전 세계를 지배합니다. 거대한 제국이 만들어진 것입니다. 동시대에 우리나라 역사에서도 고구려의 고주몽이 등장합니다. 사극 드라마에서도 이때 무기를 만든 모팔모가 "드디어 부러지지 않는 강철검을 만들었습니다!" 라고 감격스럽게 외치는 장면이 있었습니다.

왜 감격스럽게 외쳤을까요? 청동검으로 싸우다 보면 자꾸 부러져서 목숨이 위험해지고 전쟁에서 졌는데, 부러지지 않는 강한 무기를 만들라는 고주몽의 특명을 받고 모팔모가 강철검을 만들고 환호성을 질렀던 것입니다. 이 강철검을 갖고 고구려를 세운 것입니다. 무기 하나가 국가의 운명을 좌우하는 절대적인 힘이 되었습니다. 이렇게 철기 시대로 바뀌면서 1000년을 이어옵니다.

근접하지 않고도 멀리서 쏠 수 있는 활도 1000년 전부터 유용한 무기였습니다. 몽골군이 이 활을 가지고 빨리 달릴 수 있는 말을 타고 속도의 경쟁에서 힘의 우위를 점합니다. 말 타면서 막 화살을 쏴 버리니까 속도전에서 월등해서 거대한 몽골 제국을 만드는 기초가 되었다고 해도 과언이 아닙니다. 그래서 몽골 제국이 유라시아에 큰 영향을 미칩니다.

핵폭탄보다 더 중요한 무기는 무엇?

그러던 어느 날 총이 개발되고 우리보다 미개했던 왜구가 총을 들고 임진왜란을 일으킵니다. 줄곧 우리한테 문화를 받아들였는데 1500년대에 총을 먼저 받아들인 후 우리보다 힘이 커진 겁니다. 그래서 거꾸로 우리를 침략해 우리를 점령하려는 야망을 갖게 된 겁니다. 조선은 우물 안 개구리 식으로 변화를 멈춘 대가로 임진왜란을 당했습니다.

그렇다면 현대 시대에 가장 강력한 무기 도구는 무엇일까요? 미사일입니다. 그냥 미사일이 아니라 핵탄두를 장착한 핵미사일입니다. 핵폭탄 보유수가 그 나라의 힘이 되는 세상입니다.

핵탄두 보유 현황을 보면 미국보다 러시아가 더 많이 갖고 있습니다. 러시아의 핵폭탄 개수가 한 6,000개인데 미국은 5,400개 정도, 중국이 350개, 프랑스 300개, 영국 200개, 이스라엘 90개, 북한도 20개 넘게 보유하고 있다는 데이터가 있습니다.

그렇다면 이제 우리는 어떤 무기를 가질 것인가를 생각해보지 않을 수 없습니다. 눈앞으로 다가온 인공지능 로봇의 역습 시대에 우리는 어떤 도구, 어떤 무기를 준비해야 할까요?

"

우리는 여전히 산업혁명 이후 자본주의 시대에
살고 있지만, 제3의 흐름인 정보화 사회 이후
자본이 없는 보통 사람에게도 성공할 수 있다는
희망을 주는 사회가 되었습니다. 정보화 사회는
정보와 지식과 아이디어가 자본이 되는 세상입니다.
이 구조를 정확히 이해하고 합류하는 사람이
승자가 됩니다.

"

02

우리는 어떤 흐름 속에 있는가?

인류 진화에 따른 도구의 변화

제4차 산업혁명, 제4의 물결이라 불리는 인공지능 시대를 이해하기 위해서는 앨빈 토플러가 1981년에 발간한 《제3의 물결》을 살펴볼 필요가 있습니다. 앨빈 토플러는 인류 역사의 진화 과정을 쭉 지켜보면서 도구의 발달이 부의 원천이 되었다고 보았습니다. 앨빈 토플러는 이렇게 정리했습니다.

제1의 물결: 농업혁명
➡ 토지와 권력이 자본인 사회

인류는 수백만 년 동안 수렵 생활을 하다가 5000~3000년 전에 농업 혁명이 일어났습니다. 농경사회에서는 농업이 주된 산업이니까 물이 절대로 필요해서 강가에서 농업을 기반으로 인류가 정착을 하게 된 것입니다.

특히 청동기 시대로 접어들면서 농경사회는 철저한 계급사회 형태를 구성하게 됩니다. 절대 권력을 가진 한 명의 군주를 중심으로 통치되는 봉건주의 계급사회인 겁니다. 왕이 통치 수단으로 관료에게 영토를 나누어 주고 그 지역 영주는 그 영토에서 농노를 관리, 통제하면서 농사일을 시키며 경제를 독점적으로 꾸려가는 체제입니다.

일은 노예들이 하루 종일 하는데 수확철이 되어 수확을 하면 노예들에게는 한 푼도 주지 않아도 되는 구조의 사회가 시작된 것입니다. 그래서 농경사회에서는 부의 원천이 권력에서 나옵니다. 즉 모든 부의 원천이 권력을 가진 계급과 토지에서 나옵니다. 날 때부터 지주와 농노의 신분으로 구분되는 철저한 계급사회였던 것입니다.

철기 시대가 되어서 권력을 잡기 위한 강철검을 만들었고, 농업혁명의 기본이 되는 농기구, 정착을 위한 집을 만들기 위한 각종 도구가 만들어졌습니다. 칼, 망치, 못, 지렛대 등과 같은 다양한 도구를 누가 더 잘 만드느냐에 따라 더 많은 부를 축적한 국가가 되었습니다. 도구를 잘 만들었던 나라가 이집트, 인도, 중국이며 이런 나라들은 농업 혁명의 문명 발상지가 되었습니다.

제2의 물결: 산업혁명
➡ 거대 자본주의의 탄생

그렇게 세월이 흘러 약 300년 전에 영국에서 방적기가 개발되면서 산업혁명이 일어났습니다. 이 산업혁명 시내에는 생산 수단인 공장이 무기였습니다. 공장을 가진 사람과 안 가진 사람, 기계를 가진 사람과 안 가진 사람, 장비를 가진 사람과 안 가진 사람, 생산 수단을 소유한 자와 소유하지 못한 자, 즉 자본가와 노동자로 구분되는 자본주의 시대, 제2의 물결인 산업사회가 시작된 것입니다.

프랑스에서는 프랑스혁명도 일어나 봉건시대를 무너트리고 신분제와 봉건제를 폐지하면서 평등 사회가 탄생한 것 같지만 실질적으로 단번에 모든 사람들이 평등하게 되지는 않았습니다. 절대 착각하면 안 됩니다. 예나 지금이나 평등한 사회는 존재하지 않았다는 사실을 명심하기 바랍니다.

사람들은 육체적 자유는 얻었지만 먹고사는 문제를 스스로 각자가 해결 안 되어 다시 자본을 가진 자본가가 만든 공장이란 곳으로 가서 아침부터 오후 늦게까지 일하는 체제, '9 to 5' 라는 또 다른 구속 시스템이 가동된 것이 산업혁명입니다.

봉건주의 체제의 농노가 산업사회에서 노동자로 신분이 바뀐 것일

뿐, 경제적 독립은 힘든 사회구조로 변화했습니다. 자본가들은 노동자들에게 저임금의 돈을 주면서 일을 많이 시키는 관리를 했고, 그러한 관리를 잘하는 사람들을 뽑아 대부분의 노동자들의 노동력을 착취하도록 시스템을 구축한 것이 현재 착취의 자본주의 탄생이라고 할 수 있습니다.

주인이 되는 방법이 아니라 노동자를 잘 관리하는 머슴 대장이 되는 교육을 시켜서 자본가를 위해 열심히 체계적으로 잘 관리하도록 시스템을 체계화시킨 겁니다. 이러한 흐름으로 봉건 자본주의에서 산업 자본주의로 바뀌었습니다.

개인이 무언가 생산한다고 하면 재료를 대량으로 살 수 있는 자본이 없으니 자본을 갖춘 경쟁력을 갖춘 대기업에 원가 경쟁이 안 되어 자연스럽게 대기업이 만든 공장과 직장에 가서 일하게 됩니다. 과거 봉건주의 지주들은 이제 산업사회에서 돈을 가진 자본가로 변신하여 자연스럽게 또다시 보통 사람들을 소유하게 된 겁니다.

막대한 자본으로 노동력과 재료를 싸게 사서 상품을 대량생산하는 거대 자본주의(mega capitalism)가 탄생하게 되었고 '돈이 돈을 버는' 자본주의 사회가 점점 심화되었습니다. 그래서 자본의 독점 시대가 열린 겁니다.

공장에서 만드는 생산물이 만들어내는 잉여가치, 즉 만들 때는 원가가 300원짜리인데 소비자에게 파니까 1,000원이 돼서 700원의 잉여이익이 남는데 그 700원 남은 잉여 이익을 우리한테 나눠주지 않는 시스템 속에서는 경제적인 자립이 힘든 것은 당연합니다.

그 결과 빈익빈 부익부 현상이 점점 심화되는 사회구조가 형성되고 그것으로 인해 갈등과 분쟁의 사회가 되어버린 현실에서 우리는 지금 살고 있습니다. 여전히 자본가와 노동자라는 계급사회인 겁니다.

이념적으로 '공산주의다, 민주주의다' 라고 하는 권력 싸움과 다르게 대부분 국가가 자본주의 경제 시스템을 채택하였습니다. 정치적 이념과 종교적인 사상을 넘어서 자본주의에서 우리는 살고 있습니다. 중국도 러시아도 경제 제도는 자본주의입니다.

제3의 물결: 정보화 혁명
➡ 지식과 아이디어가 자본

산업화 시대가 끝나고 최근 30년 동안은 바로 앨빈 토플러가 45년 전에 예견했던 정보화 사회가 되었습니다.

정보화 사회는 정보와 지식과 아이디어가 자본이 되는 세상입니다. 이 구조를 정확히 이해하고 잉여 이익을 나누어주는 시스템을 찾아서 합류하는 사람이 승자가 됩니다. 정보화 사회에서는 가난한 사람들도 부자가 될 기회가 오며, 프로슈머(prosumer) 즉, 생산소비자 시대가 온다고 하였습니다. 프로슈머는 물건을 만드는 제조자(producer)와 물건을 소비하는 컨슈머(consumer)의 합성어로, 만드는 역할과 유통하는 것과 쓰는 것을 같이 수행하는 사람을 뜻합니다.

이 책의 내용은 당시 적잖이 충격적인 예언처럼 들렸습니다. 그런데 1980년대 초반에 IBM에서 개인용 컴퓨터가 개발되어 사회 전반에 보급되면서 정보화 시대가 열렸고, 1990년 중반에 www(World Wide Web)라는 인터넷이 확산되면서 국경을 초월하여 세상이 어디서나 정보를 주고받을 수 있는 그야말로 본격적인 정보화 사회가 순식간에 도래했습니다. 인류의 모든 삶을 통째로 바꿔버린 것입니다.

45년 전의 앨빈 토플러의 예언은 지금 거의 현실이 되었습니다. 이른바 메가트렌드(mega trend)라고 하는 것이 현실이 되었습니다. 여기서 우리는 이런 교훈을 얻어야 합니다. 미래를 예측하고 미리 준비한 자들이 미래의 부자가 될 확률이 높다는 사실 말입니다.

옛날에는 무슨 사업을 하려면 자본과 재료와 노동력이 다 갖춰져야 하는데 정보화 사회가 열린 이래로는 아이디어만 갖고도 그러한 부자의 길을 갈 수 있습니다. 그 대표적 사례가 빌 게이츠의 마이크로소프트의 소프트웨어 혁명입니다. 30년 전 산업화시대에는 컴퓨터 하드웨어를 만들었던 IBM이 훨씬 컸고 소프트웨어를 만들었던 마이크로소프트는 작은 회사였습니다.

그런데 30년이라는 시간이 흐르면서 소프트웨어를 취급하는 마이크로소프트는 커지고 하드웨어를 만드는 IBM은 비중이 작아지고 있습니다. 정보화 사회는 자본이 없는 보통 사람에게도 성공할 수 있다는 희망을 주는 사회가 된 것입니다.

“

변화의 물결을 읽지 못하고 그 흐름에 올라타지
못하면 거대한 파도에 쓸려나가 결국 망하게 됩니다.
이 점을 명심해야 합니다.
세상 변화를 인식하도록 충격요법을 쓰지 않으면
미지근한 물에서 점점 삶아지는 개구리처럼
도태되는 운명을 맞이할 수 있습니다.
끝없이 변화하지 않으면 모두가 도태됩니다.

”

03

역천자는 망이고 순천자는 흥이다

시대 흐름을 읽지 못한 기업들

제3의 물결인 정보화 혁명이 기회만 준 것이 아닙니다. 변화의 물결을 읽지 못하고 그 흐름에 올라타지 못하면 거대한 파도에 쓸려나가 결국 망하게 됩니다. 이 점을 명심해야 합니다.

130년 된 일류기업이었던 코닥 필름도 마찬가지입니다. 노키아, 모토로라도 마찬가지입니다. 코닥 필름은 세계 필름 시장의 90% 넘는 독점적 지위를 100년간 누려왔던 기업입니다. 세계 최초로 사진기를 만들고 영화 필름도 만들면서 시가 총액 1등도 했던 기업이 디지털 시대를 준비하지 않은 대가로 파산했습니다. 코닥 필름은 이제 존재 가치가 없는 기업이 되었습니다.

노키아는 핸드폰 시장에서 한때 43% 점유율을 차지하며 떼돈을 벌던 핀란드 대표 기업이었습니다. 핀란드의 국가가 버는 돈의 약 30% 이상을 노키아라는 회사 하나가 벌어들였습니다.

그런데 노키아는 아이폰이 나올 시점에 그 변화에 대응하지 못하고 스마트폰 시장을 그냥 방관했습니다. 기술 개발을 스마트폰 개발 방향으로 하지 않고 이미 점유율이 43%라고 해서 교만하게 완고하게 고집하다가 어떻게 되었나요? 아이폰이 나오고 7년 만에 망했습니다. 지금은 아예 흔적도 없이 사라져버렸습니다.

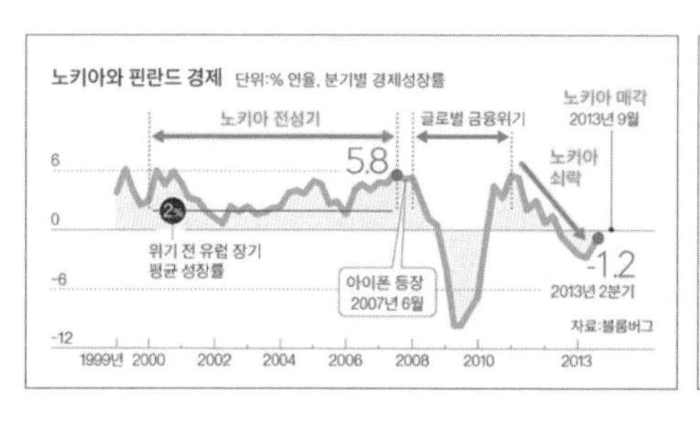

노키아 핀란드 경제 성장률

꿈의 기업의 말로

모토로라도 90년대에는 젊은이들에게 꿈의 핸드폰이었습니다. 모토로라는 1930년대에는 최초의 차량용 무전기를 개발하여 '모토로라' 라는 상표로 판매하였고 이 이름은 1947년부터 회사의 정식 명칭으로 사용되었습니다. 2차 세계대전 중에는 군사 통신의 중추적 역할을 수행한 최초의 휴대용 무선통신기기인 SCR-300과 SCR-536 등을 개발해 연합군의 승리에 많은 기여를 할 만큼 세계 일류기업이었습니다.

1956년에는 최초의 삐삐를 개발하여 병원의 의료인을 중심으로 보급하기 시작하였고, 1960년에는 최초의 휴대용 무선 텔레비전을 개발하였습니다.

1963년에는 최초의 직각 컬러 브라운관을 개발하였습니다. 1969년 아폴로11호 달 착륙 때 "이것은 인간의 작은 발걸음 하나지만 인류에게는 커다란 도약"이라고 말한 닐 암스트롱 선장의 생생한 육성이 지구에 전달된 것은 바로 모토로라가 개발한 우주통신용 무전기를 통해서였습니다.

1973년에는 인류 역사상 최초의 휴대폰을 개발한 '휴대전화의 아버지'로 불리는 모토로라의 발명가 마틴 쿠퍼(Martin Cooper)가 등장하여, 휴대전화로 통화에 성공한 최초의 사례로 역사에 기록되었습니다. 그로부터 10년 뒤인 1983년, 모토로라는 마틴 쿠퍼의 발명품인 세계 최초 휴대전화 '다이나택8000X'을 출시했습니다. 최초의 상업용 휴대전화로 승인받아 1990년대 이후에도 RAZR와 같은 히트상품을 만들어냈습니다. 아이폰이 출시되기 전까지 4년 동안 약 1억 3,000만 대가 팔렸으며 폴더형 폰 중에서는 가장 많이 팔아 한때 점유율 1등도 했습니다.

충격요법이 필요하다

그러나 스마트폰 시대를 준비하지 못한 모토로라는 레노버에 팔렸고 지금은 존재 가치가 작아졌습니다. 간단히 말해 끝없이 변화하지 않으면 모두가 도태된다는 교훈입니다.

일부 회사만, 기업만 망했을까요? 그에 속한 개인은 안 망했을까요? 개구리를 끓는 물에 집어넣으면 뜨거워서 뛰쳐나오는데 미지근한 물에 넣으면 변화에 둔감한 개구리가 계속 있다가 삶아질 수 있다는 겁니다.

우리 개인도 마찬가지입니다. 세상 변화를 인식하도록 충격요법을 쓰지 않으면 삶아지는 개구리처럼 도태되는 운명을 맞이할 수 있습니다. 이것이 시대 변화에 따라 급박하게 변화해야 하는 이유입니다. 우리에게는 지금 변화에 적응할 수 있도록 유도하는 충격요법이 절실히 필요합니다.

한때 세계를

제패하던 기업도

변화 흐름을 읽지 못하면

순식간에 도태됩니다.

개인도 마찬가지입니다.

“

무형의 자본은 눈에는 보이지 않는 정보, 지식,
아이디어, 생각, 이미지, 혁신적 마인드 등입니다.
즉 인간의 고유 능력인 상상력을
바탕으로 하는 창의력의 산물입니다.
디지털 경제에서는 돈이 없어도 무형의 자산이 있으면
얼마든지 비즈니스로 성공할 수 있습니다.
즉 무형의 자본이 돈이 되는 시대입니다.

”

04

정보화 시대는 무형의 자본 시대

무형의 자본이 돈이 된다

디지털 자본주의 세상은 혁신적인 아이디어가 사업의 자본이 되는 시대입니다. 과거 아날로그 자본주의 시대에 유형의 자본주의 일색이었던 사회에서 무형의 자본주의 시대가 열린 것입니다. 즉 자본이 없는 보통 사람에게도 기회의 창이 열린 것입니다. 정보화 시대는 '눈에 보이지 않는 무형의 자본 시대(the age of invisible capital)' 입니다. 무형의 자본이 더 중요한 시대인 것입니다.

무형의 자본은 무엇인가요? 바로 눈에는 보이지 않는 정보, 지식, 아이디어, 생각, 이미지, 혁신적 마인드, 이런 것입니다. 즉 인간의 고유 능력인 상상력을 바탕으로 하는 창의력의 산물입니다.

옛날 아날로그 경제에서는 유형의 자본이 없으면 비즈니스를 성공하기가 무척 어려웠습니다. 돈이 없으면 할 수 있는 것이 거의 없어 보통 서민이 부자가 되는 것은 극히 힘들고 대규모 자본을 갖고 있는 대기업 위주로 성장하는 경제 구조였습니다.

그러나 **디지털 경제에서는 돈이 없어도 무형의 자산이 있으면 얼마든지 비즈니스로 성공할 수 있습니다. 즉 무형의 자본이 돈이 되는 시대입니다.**

자본 없이도 부자가 될 수 있다

디지털 자본주의 시대가 열렸다고 해서 아날로그가 없어진 것은 아닙니다. 사우디아라비아에서처럼 석유가 나오는 땅이 있으면, 즉 재료(석유, 광물, 원자재)가 나오면 부자가 되는 것은 예전이나 지금이나 다르지 않습니다. 아날로그 자본주의는 지금도 있습니다.

그러나 예전처럼 땅이 없는 서민이라고 해서, 자본이 없다고 해서 부자가 되는 가능성이 없는 시대는 더 이상 아닙니다. 돈도 땅도 없는 사람은 예전에는 부유해지는 것이 불가능했었는데 지금은 아이디어를 내면 성공할 수 있습니다.

마이크로소프트의 빌 게이츠, 애플의 스티브 잡스, 테슬라의 일론 머스크, 페이스북의 마크 저커버그, 엔비디아의 젠슨 황 등 여러 성공한 사람들이 나타나고 있습니다. 정보화 사회는 자본이 없는 보통 사람도 성공할 수 있는 시대인 것입니다.

디지털 시대에 걸맞은 새로운 도구

혹시 아직도 원시시대 사람들처럼 돌도끼와 활만 가지고 살고 있지는 않은가요? 그러면서 막연히 미래가 좋아지길 바라고 있는 것은 아닌지 냉철히 자가진단을 해야 할 때입니다.

과거와 똑같은 방법으로 똑같은 도구를 사용하면서 나의 미래가 변화되기를 바란다면 모순 아닐까요?

이 시대를 살아가기 위해서는 어떤 도구를 선택해야 내 힘이 커질까요? 어떤 아이템을 선택해야 될까요?

마치 핵무기를 보유한 국가처럼 각자가 자생할 수 있는 핵폭탄 같은 도구를 반드시 찾아야 할 것입니다. 물론 당장은 눈에 보이지 않을 수 있습니다. 일단은 시대의 메가 트렌드를 읽어내야 합니다. 좋은 아이템을 알아볼 줄 아는 안목도 필요합니다.

인공지능 혁명 시대에서 살아남을 수 있는 힘을 주는 무기가 바로 스마트폰입니다. 스마트폰이라는 도구를 버리면 누구도 살아남기 힘들 것입니다. 스마트폰을 활용한 비즈니스를 찾으셔야 합니다. 생산물의 이익을 공유한 플랫폼이 스마트폰 안에 있습니다. 그 플랫폼을 못 찾으면 10년 후에 잉여인간이 될 확률이 높을 것입니다.

천재가 될 필요는 없습니다. 그러나 천재들이 만들어내는 아이템을 알아볼 수 있는 안목은 필요합니다. 안목이 부족하면 안목이 있는 분을 찾아 함께 선택하시면 좋습니다.

천재가 될 필요는 없습니다.

그러나 안목은 필요합니다.

좋은 아이템을 식별할

현명한 안목을 가지십시오.

“

이미 200년 전 마르크스는 ‘빈익빈 부익부’ 라는 차별의 문제를 경제적 관점에서 바라보며 모순을 지적했습니다. 모든 부는 노동에서 만들어지는데 산업 자본주의 시스템에서는 자본가가 생산물의 소유를 독점하는 구조라 생산물로부터 나오는 잉여 이익을 독차지하게 되는 모순을 지적한 것입니다. 자본가가 부를 다 가져가는 구조는 지금까지 당연시되었습니다.

”

05

자본 독식의 문제점 알기

산업혁명의 그늘

산업 자본주의 시대에서 발생한 가장 큰 문제는 노동력 착취입니다. 이에 대해 아담 스미스는 《국부론》에서 "각 개인들에게 지급되는 자산 분배가 공평하게 이루어져야 진정한 부자 국가가 실현된다"고 정의를 내렸습니다. 그런데 배분의 법칙에 있어서 자본을 가진 사람들이 거의 독식하게 됨으로 인해 배분의 정의가 깨졌고, 결국 자본가 5%가 재화의 90%를 독식하는 독식의 자본주의가 된 것입니다.

그러다가 약 200년 전 독일에서 철학자이며 사상가인 칼 마르크스라는 사람이 등장해 자본주의 문제점을 지적하는 《자본론》을 씁니다. 그는 '빈익빈 부익부'라는 차별의 문제를 경제적 관점에서 바라보며 모순을 지적했습니다. 모든 부는 노동에서 만들어지는데 산업 자본주의 시스템에서는 자본가가 생산물의 소유를 독점하는 구조라 생산물로부터 나오는 잉여 이익을 독차지하게 되는 모순을 지적한 것입니다.

자본주의 사회에서 자본가는 주인공이 되고 결국 이 산업 자본주의 무대에서는 노동자가 소외될 수밖에 없다는 것을 지적한 겁니다. 월요일부터 금요일까지 피곤한 몸을 이끌고 지하철을 타고 오늘도 사무실로, 고객, 상사, 동료, 거래처와 진을 빼면서 힘겹게 사투를 벌이다 점심시간과 퇴근만 기다리는 신세는 마치 거대한 조직 속 부품이 되어 같은 일만 반복하는 다람쥐가 된 것 같습니다. 일은 늘 열심히 했지만 일한 것에 비하면 월급은 한참 부족한 것 같습니다.

'나만 그런가? 우리나라만 그런가? 아니면 요즘 불경기라서 그런가?' 라는 생각이 들겠지만 그렇지 않습니다. 사람들은 이러한 감정들을 아주 오래전 유럽 산업혁명 이후 공장에 들어서던 그 순간부터 지금까지 꾸준히 느껴왔습니다. 대체 왜 그런 건지, 어디서부터 잘못되었는지 고민한 학자가 칼 마르크스였습니다.

칼 마르크스의 노동 소외론은 현재에도 적용된다

인간은 기본적으로 노동을 가치 있고 신성하게 여기면서 태어났는데, 정작 현실의 노동자들은 늘 힘들고 불만이 가득하다는 점이 마르크스는 이해가 안 됐습니다. 그래서 이에 대해 제대로 깊게 연구한 끝에 하나의 이론을 완성합니다. 그것이 바로 '노동 소외론' 입니다.

1차 산업혁명을 시작으로 2차, 3차 산업혁명을 거쳐 4차 산업혁명이 진행되는 현대 사회에서 과학기술의 발전은 인류를 더 편리하게 만들었고, 사회 전체의 재화는 꾸준히 증대되어 왔습니다. 그런데 왜 보통 사람인 나의 삶은 나아진 것이 없는 걸까요?

4차 산업혁명이 진행된다고 내 연봉이 올라가는 것도 아니고 오히려 일자리가 점점 없어진다고 사방에서 경고의 목소리가 들려옵니다. 놀랍게도 200여 년 전 마르크스가 살던 때도 상황이 똑같았습니다.

당시 서부 유럽의 상황을 보면, 산업혁명 직후 영국에서는 누군가는 엄청난 부자가 되는데 누군가는 굶어 죽어갔습니다. 증기기관이라는 기술 발전 덕분에 공장에서 빠르게 상품을 찍어낼 수 있었지만, 노동자들은 공장에서 죽어라 일하고도 쥐꼬리 같은 월급을 받았을 뿐, 상품을 팔아 남긴 이윤은 모두 공장 주인에게 돌아갔습니다. 그나마 일자리마저도 언제든 잘릴 수 있었기 때문에 노동자들은 먹고 살기 위해 화를 참고 열심히 일했습니다.

마르크스는 이 말도 안 되는 상황을 보고 문제의식을 갖게 되었습니다. 그를 더 화나게 만든 것은 정작 당사자인 노동자들은 뭐가 왜 잘못된 건지 생각할 겨를도 없이 매일 바쁘게 노동 착취를 당하고 있다는 것이었습니다.

지금까지도 당연시 되는 룰

예나 지금이나 노동자들은 일한 시간만큼만 월급을 받아가고, 자본가는 공장을 짓기 위해 투자를 했으니 물건을 만들고 팔아서 남는 잉여 이익을 독점적으로 가져가는 것이 당연시됩니다. 돈을 더 벌고 싶다면 열심히 야근하고 자본가에게 인정받아 고임금 노동자가 되는 것이 당연하게 여겨졌습니다. 이는 현재까지도 지속되는 경제 시스템이자, 서로 합의된 룰처럼 받아들여지고 있습니다.

하지만 마르크스는 이러한 통념을 근본부터 바꾸려 했습니다. 마르크스는 자본주의 사회에서 노동자가 4가지 방식으로 소외된다고 정리했습니다. 여기서 '소외(Alienation)'란 어떠한 과정에서 통제력을 상실한 채 무력감을 느끼는 상태를 의미합니다.

마르크스는 노동자가 노동 과정에서 자신을 소외시키는 현상으로 설명합니다. 노동자가 자신의 작업에서 자신의 창의성, 자아실현을 표현할 기회를 가지지 못하고, 물질적 생산과 경제적 거래에 얽매여 기계적인 존재처럼 살아간다는 개념입니다. 자본주의 사회 시스템에서 노동자들은 생산과정 전반에서 배제되어 있다고 보는 겁니다. 힘이 없다는 것을 강조하기 위해 마르크스는 차별, 불평등 같은 단어 대신 소외란 표현을 사용했습니다.

1) 첫 번째 소외: 생산물로부터의 소외

'생산물로부터 소외된다' 라는 의미는 노동자가 자신의 노동의 결과인 생산물에 대한 소유권이 없다는 말입니다. 아무리 노동자가 자신의 능력을 발휘해 열심히 생산물을 만들어도 그것은 자신이 아닌 자본가에게 소유권이 넘어갑니다. 심지어는 이 생산물이 나중에 어디에 어떻게 쓰일지 알지 못합니다.

자동차 공장에 다니는 철수는 매일 자신의 노하우를 살려 나사를 조립합니다. 하지만 자신이 만든 이 자동차가 자기 것이 되는 것도 아니고, 이 자동차가 사람들에게 많이 팔려서 이윤이 남아도 자신에게 남는 건 전혀 없습니다. 그저 시키는 대로 어제 그랬듯 다람쥐 쳇바퀴 돌리듯 작업을 반복할 뿐입니다. 정말로 무서운 것은 더 열심히 일하면 할수록 생산물로부터 더 소외된다는 사실입니다.

노동자가 열심히 일하면 더 가치 있는 제품이 생산되지만 월급은 그대로이기에 값비싼 신제품을 구매할 여력이 부족합니다. 이러한 방식으로 자본주의는 발전하는데 노동자는 점점 더 빈곤해지게 됩니다. 철수는 '공장주가 다 가져가면 안 되지' 라고 항의할 수 없는 시스템에 체념합니다.

2) 두 번째 소외: 노동 과정에서의 소외

세상에 공장이 없었을 때는 물건은 장인이 한 땀 한 땀 처음부터 끝까지 만들었습니다. 솜씨 좋은 장인은 모든 제작 과정을 통제하였고, 그 결과로 나온 생산물은 곧 장인만의 고유한 작품이 되었습니다. 이때는 장인이 없으면 생산 자체가 안 되기 때문에 장인의 말이 곧 법이고 그 솜씨를 인정도 받았습니다. 하지만 공장 생산 시스템에서는 상황이 달라집니다. 한 명의 노동자는 전체 생산과정 중 일부만을 전담했고, 공장 전체의 생산 속도에 맞춰 쉴 틈 없이 움직여야 했습니다. 노동자는 점점 생산과정 내에서 덜 중요해지고 덜 자유로워졌습니다. 이것이 노동 과정에서의 소외입니다.

찰리 채플린 주연의 영화 〈모던 타임즈〉는 공장 시스템 안에서 노동자가 겪는 소외와 사회적 모순을 유머러스하게 풍자했습니다. 기업 경영, 공장 생산이 익숙한 현대인에게는 조직의 분업 과정에서 노동자가 부품이 되는 과정이 그다지 낯설지 않을 것입니다.

하지만 이것이야말로 노동자들을 빈곤하게 만든 핵심이라는 점에서 가장 중요합니다. '탈숙련화' 때문입니다. 한 장인이 자동차 하나를 처음부터 끝까지 만든다면 그는 대체될 수 없습니다. 하지만 컨베이어 벨트에서 부품 조이기만 담당하는 일꾼은 쉽게 대체되고 바뀔 수 있습니다.

장인은 여러 기술을 알고 있지만 나사 조이기 작업은 누구나 할 수 있기 때문입니다. 나사를 조이는 노동자는 자신이 전체 공정에서 어느 부분에 해당하는지도 알 수 없습니다. 그저 맡은 일만 반복할 뿐이죠.

이는 현대의 노동직, 사무직도 마찬가지입니다. 생산이 효율화되면 제품을 빠르게 많이 생산할 수 있어 자본가는 좋겠지만 각 공정을 맡은 노동자의 가치는 점차 떨어지기 때문에 돈도 권력도 잃어갑니다. 노동자의 빈곤이 본격화되는 것입니다. 나사 조립이 보람도 비전도 없는 작업이라는 걸 알게 된 노동자들은 일하는 재미를 잃게 됩니다. 그렇지만 생계를 유지하려면 적은 월급이라도 열심히 받아야 하는 상황이라 다음날 출근합니다.

3) 세 번째 소외: 사회적 관계에서의 소외

동료 노동자로부터의 소외도 나타납니다. 마음에 들든 안 들든 우리는 몇 안 되는 일자리를 놓고 협력보다는 경쟁적인 관계 속에서 서로를 소외시키는 구조에서 살고 있습니다. 자신이 다른 사람보다 적은 월급으로 일을 더 잘할 수 있다고 인정받고 일자리를 얻습니다.

취직만 한다고 이 경쟁이 끝나는 것은 아닙니다. 해고당하지 않기 위해, 승진하기 위해 끊임없이 옆 동료와 경쟁해야 합니다. 우리는 일자리를 얻기 위해 어릴 적부터 공부해 좋은 대학에 진학하고 많은 스펙을 쌓고 대기업에 취직하여 정장을 입고 열심히 회사 생활을 시작했습니다.

그러나 사실 본 게임은 취직 이후입니다. 실적, 고가 평가 등 모든 수단과 방법을 동원해 살아남기 위해 노력합니다. 직장 동료는 공감대를 형성할 수 있는 좋은 친구가 되기도 하지만 한정된 일자리를 두고 서로 경쟁할 수밖에 없습니다. 우리는 이 구조에 익숙해졌습니다. 사회관계에서의 소외를 겪다 보면 '이렇게 사는 게 맞나?' 싶고 고독해지는 자신을 보게 됩니다.

4) 네 번째 소외: 인간 본성으로부터의 소외

인간 본성의 상실에서 오는 자아 상실에 대한 실망감도 옵니다. 마르크스는 인간은 동물과 달리 본래 노동을 통해 자아를 실현하는 유적(類的) 존재라고 정의했습니다. 즉 인간은 본질적으로 창의적이고 자율적인 노동을 통해 자아실현을 하는 존재로써 노동에 가치가 있다고 믿었습니다.

하지만 힘든 일상을 견디는 노동자가 자아실현 따위는 생각할 겨를이 없는 것이 현실인 것입니다. 그저 생존을 위해 일하면서 동물과 구별되는 인간다움을 점점 잃어갑니다. 뭐가 될지도 모를, 내 것도 아닌 물건을 막 만들고, 내가 무슨 작업을 왜 하는지도 모르면서 반복하고, 옆에 있는 동료를 서로 견제하고 경쟁하면서 인간관계는 왜곡되고 공감 능력이 결여됩니다.

마르크스는 여기서 더 나아가 이렇게 소외를 겪은 노동자들이 이를 보상받고자 쾌락적이고 파괴적인 활동에 이끌리게 된다고 말합니다. 자본주의 시스템에서 자본가들은 이런 심리를 이용하여 여가 산업, 미디어산업, 스포츠산업으로 끌어들이면서 또 다시 노동자의 돈을 뜯어간다고 본 겁니다.

그러나 자본가도 살아남으려면 어쩔 수 없이 노동자를 착취해야 한다고 생각했습니다. 그래서 마르크스는 자본가라는 역할이 존재하는 사회 체계, 즉 자본주의를 타파해야 한다고 주장했습니다.

당연시 되었던 빈익빈 부익부

마르크스는 이렇게 노동자들의 삶이 고단할 수밖에 없는 이유를 '노동소외론' 을 통해 설명해냄으로써 노동자들을 단결시키고 사회를 계몽하고자 했습니다. 그의 이론은 세계 절반에 의해 한때 추종받기도 했으나 논리적 허점이나 예측 오류로 인해 많은 비판을 받아왔던 것도 사실입니다. 이런 모순과 상관없이 공산주의 혁명이 일어나게 되었습니다.

그러나 자본 생산성, 시장의 효율성 등을 보았을 때에 공산주의 방식이 자본주의 방식을 이길 수 없다는 결론에 도달해 이데올로기의 싸움이 끝나게 됩니다. 1991년 12월 공산주의를 표방하던 구 소련의 붕괴가 결정적인 사건이 되었습니다. 이어서 중국을 포함한 공산국가가 자본주의 시스템을 도입하면서 전 세계가 자본주의의 시대로 가속화가 이루어지면서 부의 편중도 급속도로 이루어져 빈익빈 부익부 세상이 된 것입니다.

인류 역사상 가장 획기적인 대전환

결국 세상은 자본주의 경제 시스템으로 통합이 되었고 자본가 5%가 60~80%의 자산을 다 갖게 되고 나머지의 95%가 그들의 먹다 남은

20~40%의 레드오션 속에서 피 터지게 나눠먹는 비정한 자본주의가 정착되었습니다. 지금의 현실은 마르크스가 겪은 200년 전과 다를 것이 없습니다.

산업화 시대는 유형의 자본 시대, 즉 눈에 보이는 경제로, 돈과 재료, 노동력이라는 3M(Money, Material, and Man Power)이 자본이었던 시대였습니다. 자본가가 독식하는 사회였습니다.

지금 우리는 어떤 시대에 살고 있나요? 우리는 산업혁명 이후 자본주의 경제 체제에서 200년간 생존해왔습니다. 빈익빈 부익부 현상은 심화되어 부자와 빈자의 비율이 5 대 95 비율로 나눠져 심리적 갈등 또한 심화되는 아날로그 자본주의 시대를 살아왔습니다.

그러나 이제 세상은 앨빈 토플러가 예견한 정보화 사회에서 고도 지식 사회인 제4의 물결, 제4차 산업혁명의 시대로 급속도로 진입하고 있습니다.

최근 15년 동안의 변화는 인류 문명이 시작된 이래 가장 급속도로 진행되었습니다. 3500년간의 농업사회인 제1의 물결, 300년간의 산업혁명 시대인 제2의 물결을 거쳐, 30년간의 정보화 사회인 제3의 물결을, 이제 제4의 물결로 흐르고 있습니다. 인류 역사상 가장 획기적인 대전환 시대를 여러분이 살고 있는 것입니다.

“

인류 역사상 가장 혁신적이고 속도 빠른 대전환
시대인 제4의 물결, 인공지능 혁명 시대에는 엄청난
기회도 있지만 위기도 동시에 있습니다.
중요한 것은 여러분이 인공지능 혁명 시대의 주역이
되어야 한다는 점입니다. 세상의 흐름, 즉 미래 트렌드를
통찰하고 그 트렌드 속에서 자신이 할 수 있는 것을
찾지 못하면 조만간 생존은 어려워질 것입니다.

”

06

대전환의 시대 현명하게 살아남기

제4의 물결이 다가왔다

인류 역사상 가장 혁신적인 대전환 시대인 제4의 물결, 인공지능 혁명 시대에는 엄청난 기회도 있지만 위기도 동시에 함께 오고 있습니다. 중요한 것은 여러분이 인공지능 혁명 시대의 주역이 되어야 한다는 점입니다. 지금 직장생활을 하고 있든 자영업에 종사하고 있든, 세상의 흐름, 즉 미래 트렌드를 통찰하고 그 트렌드 속에서 자신이 할 수 있는 것을 찾지 못하면 조만간 생존은 어려워질 것입니다.

인류가 출현한 이후 세상은 끝없이 진화와 변화를 거듭하면서 발전해 왔습니다. **다윈이 말했듯이 강한 자가 살아남은 것이 아니라 변화에 적응한 종만 살아남았다는 말입니다.**

그러한 변화에서 여러분 자신이 변화하고 적응하지 않으면 단순히 삶이 불편해지기만 하는 것이 아니라, 생존을 위협받게 됩니다. 나아가 여러분의 자녀와 후손마저도 잉여인간으로 전락하여 굶어 죽게 됩니다. 이 점에 대해 경각심을 가져야 합니다.

1%의 천재가 주도한 인류 역사

2011년 《시골 의사 박경철의 자기 혁명》이라는 책을 출판하며 유명해진 의사 출신의 작가 박경철도 강연에서 제레미 리프킨을 언급하였습니다. 그는 과거 자신이 인터넷 시대, 즉 www(월드 와이드 웹)이라는 새로운 변화의 흐름을 놓쳤던 것에 대해 후회했다는 이야기를 한 적이 있습니다.

그가 이야기한 것처럼 처음 인터넷이나 휴대폰이 나왔을 때 누구도 세상이 지금처럼 바뀔 것이라 생각하지 못했을 것입니다. 그런데 불과 20년도 지나지 않아 누구나 손 안의 휴대폰으로 카카오톡이다 뭐다 온갖 기능을 사용하는 세상으로 바뀌었습니다. **우리는 이제 0.1%의 천재만 돈을 버는 것이 아니라, 천재와 같이 협업하거나 천재를 알아본 사람도 돈을 벌 수 있음을 명심해야 해야 합니다. 어떤 사업이나 투자 등을 선택할 때 이런 기초 지식을 가지고 있어야 합니다.**

강한 자가

살아남는 것이 아니라

변화에 적응한 자가

살아남습니다.

지금도 마찬가지입니다.

“

1%의 천재들은 세상을 변화시킬 수 있는 뭔가를
만들어냅니다. 그러나 99%의 보통 사람들은 이것을
못 알아봅니다. 새로운 변화가 나와 무슨 관계인지,
어떻게 활용하면 돈을 벌 수 있을지를 생각하지
못합니다. 당신은 99%에 속하겠습니까, 아니면
천재를 식별할 수 있는 통찰력을 가지겠습니까?
지금 당신 앞에 무한한 가능성이 있는데
알아보지 못하고 놓치겠습니까?

”

07

통찰력을 가지면 천재가 아니어도 성공할 수 있다

1%의 천재, 그리고 그것을 알아본 사람들

산업혁명은 18세기에 방적기를 발명하면서 시작되었습니다. 방적기를 발명한 제임스 와트는 영국의 50파운드짜리 화폐에도 얼굴이 나오는 인물입니다. 그만큼 인류 역사상 큰 변화를 준 사건입니다. 그의 방적기로 인해 증기기관이 세상에 나왔고 산업혁명의 불씨가 되어 산업화시대가 열렸습니다.

이처럼 1%의 천재들은 세상을 변화시킬 수 있는 뭔가를 만들어냅니다. 99%의 보통 사람들은 이것을 못 알아봅니다. 새로운 변화가 나와 무슨 관계인지, 어떻게 활용하면 돈을 벌 수 있을지 생각하지 못합니다.

방적기가 나왔을 때도 처음에 사람들은 수군거렸습니다.

'저게 도대체 뭐야?', '저기서 무슨 일을 할까?'

가봤더니 양털을 갖다 모직을 만들어 옷을 만드는 공장이라는 걸 알게 됩니다.

이때 몇몇 감자 농사를 짓던 사람들이 저 기계가 필요로 하는 것이 양털이라는 것을 알게 되고, 감자 농사보다는 양을 키워 양털을 납품하면 어떨까 생각했습니다. 그래서 감자밭을 다 갈아엎고 양 목장을 만들었습니다. 이 양 목장을 만든 0.9%의 통찰력 있는 사람들이 큰 부자가 됩니다. 방적기를 만들 수 있는 능력은 없었지만 방적기 관련 분야가 앞으로 변화될 것임을 알아보고 협업할 수 있는 일을 찾은 것입니다.

이로 인해 영국의 산업화는 폭발적으로 성장하게 됩니다. 그런데 감자밭을 너무 많이 갈아엎어서 감자 농사가 안되어 식량난으로 많은 사람이 굶어죽는 사태도 터지고, 심지어 감자를 훔치다 걸리면 사형까지 당하는 기이한 현상이 일어났습니다. 항상 변화에는 기회와 위기가 같이 오는 것 같습니다.

자동차 왕 헨리 포드 이야기

헨리 포드는 1903년 내연기관 자동차를 발명했다고 발표했습니다. 그런데 사람들은 비웃었습니다. 당시 기차보다 비싼 자동차를 누가 사서 타겠느냐는 것이었습니다. 대부분의 사람들은 마차를 타고 다니면 된다는 것입니다. 그래서 당시 투자자 모집이 어려웠습니다. 헨리 포드는 비망록에 이렇게 씁니다.

"세상 모든 사람들이 나를 바보라고 비웃는데 나는 나를 비웃는 사람들이 바보라고 확신한다. 사람들은 내가 자동차 한 대를 만들 때 엄청난 비용을 내고 제작하고 사람들이 사용할 것을 기대한다고 말하지만 공장에서 대량으로 생산하면 생산단가가 떨어진다. 기차는 100명이 탈 수 있을지 몰라도 정해진 시간에 정해진 길밖에 가지 못한다. 하지만 내가 만든 자동차는 원하는 시간에 원하는 곳에 마음대로 갈 수 있다."

생산하는 데 너무 많은 비용이 든다는 고민은 컨베이어 시스템으로 해결합니다. 자동차를 대량생산하는 현재의 공장 시스템을 헨리 포드가 처음으로 만듭니다. 조립 형태로 컨베이어 시스템을 도입하니 생산단가가 원가가 뚝뚝 떨어져서 옛날에는 6년 정도 월급을 모아야 살 수 있는 돈이 2년 정도면 가능하도록 제작 원가를 낮추었습니다. 그리고 은행에서 대출을 할부로 해서 조금씩 갚아가는 캐피탈 서비스를 해주니 더 많이 살 수 있게 되었습니다.

그 결과 마이카 시대가 열려서 자동차산업이 폭발적으로 성장하게 되었던 것입니다. 여기서 중요한 건 바로 통찰력입니다. 협업형 인간,

통찰력이 있는 인간, 즉 '감이 좋은' 사람이 성공했던 것입니다.

'앞으로 자동차 시대가 올 것 같은데 저 자동차 발명한 사람이 얘기하는 말이 맞네?' 정도는 알아보고 투자를 한 사람은 자동차산업이 발전하면서 같이 부자가 되었던 것입니다.

천재 옆에서 대박 터뜨린 사람

여기서 진짜 중요한 얘기가 나옵니다.

이걸 보고 있던 누군가가 '자동차 시대가 온다. 저 놈(포드) 말이 맞다.' 고 인정하면서 그러나 자기는 자동차를 만들 수 있는 천재가 아니라는 생각을 합니다. 그는 '나는 그 옆에다가 주유소를 건설하자' 생각하고 주유소를 만듭니다. 그리고 미국의 전체 자동차, 석유, 주유 산업의 95%의 주유소를 독점합니다. 몇십 년간 주유소 사업을 독점해서 전 세계의 돈을 싹 다 긁어모았습니다. 너무 혼자 돈을 많이 버니 '독점하면 안 된다' 해서 미국 의회에서 독점금지법을 만들게 한 장본인, 바로 록펠러입니다.

록펠러는 어떻게 해서 돈을 벌었을까요? 자동차를 운전하려면 당연히 기름이 필요하고 미국은 땅이 넓으니 많은 주유소가 필요하게 된 겁니다. 그 결과 자동차 분야에서는 헨리 포드와 다른 자동차 회사가 생겨났지만, 주유소는 록펠러가 독점할 수 있었습니다.

이 과정에서 돈은 누가 더 벌까요? 방적기와 똑같은 맥락입니다. 옷감을 만드는 데 필요한 양털을 위해 양 목장을 만든 사람들이 부자가 되었듯이, 록펠러는 헨리 포드가 만든 자동차에 필요한 주유소를 만들어 부자가 되었습니다. 석유화학의 대부 록펠러는 그렇게 탄생했습니다.

“

변화를 알아보는 통찰력이 없는 사람들은
잉여인간이 되었습니다. 통찰력을 가지지 못하면
가난에서 벗어나지 못하고 도태되어 살아간다는 것이
인류 역사를 통해 증명되었습니다. 그러므로 우리는
각자가 자신에게 질문을 해야 합니다.
나는 통찰력이 있는 사람들과 협업하며 살고 있는가?
나보다 나은 창의력이 있는 사람들과
어울리고 있는가?

”

08

협업할 수 있는 통찰력을 가져라

천재를 알아보는 통찰력

인간의 역사는 산업혁명이 됐든 무엇이 됐든 새로운 도구를 만들면서, 그리고 새로운 도구로 무장한 인류가 세상을 바꾸었습니다. 철기, 활, 총 등이 개발될 때마다 혁명적으로 바뀌었었습니다. 그리고 획기적인 변화를 연 0.1%의 극소수의 창의적 인간이 그 세상을 지배했습니다.

또 천재만큼은 못하지만 천재를 알아본 0.9%의 사람, 즉 천재는 아니지만 그것의 파급효과를 알고 묻어갈 수 있는 정도의 통찰력 있는 사람은 살아남았습니다. 나머지 99%는 도태되었습니다.

결국 통찰력이 없는 사람들은 잉여인간이 되었습니다. 통찰력을 가지지 못하면 가난에서 벗어나지 못하고 살아간다는 것이 인류 역사를 통해 증명되었습니다. 그러므로 우리는 각자가 자신에게 질문을 해야 합니다.

- 지금 내 주변에 있는 사람들은 통찰력이 있는 사람들인가?
- 나는 통찰력이 있는 사람들과 협업하며 살고 있는가?
- 나는 나보다 나은 창의력이 있는 사람들과 어울리고 있는가?

지금 당신은 어떤 환경에서 살고 있나요?

이제까지 알고 있던 사람들하고만 만나고 있으면 당신의 미래는 아무 변화도 없을 것입니다. '벌을 따라가면 꽃밭이 있고 파리를 따라가면 똥통이 있다' 는 말처럼, 나의 주변이 어떤 환경인지, 여기가 꽃밭인지 똥통인지를 스스로 자문해야 합니다.

근묵자흑이란 말도 떠오릅니다. 수만 년 인간의 역사 변화는 항상 주체 세력인 0.1%의 창의적 인간과 그 창의적인 인간을 알아보고 적응하고 추종한 0.9%의 통찰력 있는 인간들에 의해 주도되었습니다.

나머지 99% 이상의 인간은 잉여인간으로 살아왔다는 역사적 사실과 흔적을 보고 우리는 씁쓸해집니다. 그러나 이는 엄연한 현실입니다. 미래사회보고서에서 예측된 미래 계급상과 똑같은 현실이 이미 여기저기에서 터져 나오고 있습니다.

30년 전 제레미 리프킨이 예측한 잉여인간은 누가 될까요?

지금 당장 준비하지 않으면 바로 당신의 미래가 될지도 모릅니다.

당신은 어떤 무기를 갖고 어떤 도구를 선택하고 어떤 미래를 준비하고 있습니까?

AI

—4장—

무엇을 준비해야 하는가?

“

이 시대를 사는 사람들은 한 세대가 농경사회에서
태어나 산업화시대를 거쳐 정보화 사회를 거쳐
인공지능 혁명, 제4차 혁명 시대까지 살아가고 있는
역사상 최초의 인류입니다.
300년 전에는 농경사회에 태어나
농경사회에서 죽었고, 최근 300년간은 산업화 사회에
살다가 산업화 사회에서 죽었습니다. 그러나 지금은
농경사회에서 태어난 세대와 정보화 시대에 태어난
젊은이들이 함께 정보화 사회를 살아가고 있습니다.

”

01

급격한 변화에 적응하자

농경사회에 태어나 디지털 시대를 살다

최근 인류 역사의 발전 속도는 너무나 빨라졌습니다. 최근 10년간의 변화의 양이 과거 100년, 10만 년, 100만 년 동안 바뀌었던 것보다 훨씬 많습니다.

특히 우리 대한민국에서 사는 사람들은 한 세대가 농경사회에서 태어나 산업화시대를 거쳐 정보화 사회를 거쳐 인공지능 혁명, 제4차 혁명 시대까지 살아가고 있는 역사상 최초의 인류입니다.

300년 전에는 농경사회에 태어나 농경사회에서 죽었고, 최근 300년 간은 산업화 사회에 살다가 산업화 사회에서 죽었습니다. 그러나 지금은 농경사회에서 태어난 세대와 정보화 시대에 태어난 젊은이들이 함께 정보화 사회를 살아가고 있습니다.

농경사회에서 태어나 산업화시대에 산업 역군으로 살다가 정보화 사회로 넘어오니까 적응이 쉽지 않은 것은 당연합니다. 요즘 식당에 가서 주문을 하려면 키오스크가 있는데 주문 방법을 몰라 어려움을 겪는 분들이 많습니다. 저도 파스타집 가서 파스타를 시키는데 추가 토핑이다, 사이드 메뉴 선정이다, 메뉴가 너무 복잡해서 당황했던 기억이 납니다. 정보화 사회에서 적응해서 살아간다는 게 결코 만만치 않습니다.

이익을 공유하는 플랫폼을 소유하라

정보화 사회에서의 적응도 힘든데 이제 또 디지털 세상으로 변화가 오고 있다고 하니 도대체 무엇을 준비해야 살아남을 수 있을까요? 전 세계 인구 대부분이 스마트폰으로 연결된 디지털 세상에서는 스마트폰을 통해 대부분의 비즈니스가 이루어집니다. 안타까운 것은 대다수의 보통 사람들은 스마트폰으로 소비하고 이용만 하지 돈 버는 데 쓰지 못하고 있다는 점입니다.

정보화 시대에는 컴퓨터와 인터넷이 도구이자 무기입니다. 이 두 가지를 많이 갖고 있고 가상공간에서 인터넷으로 연결망을 많이 가진 자가 부자가 되는 시대입니다. 그것을 소유한 사람이 부자가 되는 세상입니다.

그럼 보통 사람들도 이 연결망을 소유할 수 있는 방법은 없을까요? 모든 사람이 그런 플랫폼을 만들거나 소유하기는 힘듭니다. 그러나 그러한 기업의 주식을 사거나 그 기업과 협업하는 방법으로 간접적으로 소유할 수는 있습니다. 단순히 소비만 하는 플랫폼과 연결을 끊고, 이제부터는 나에게 이익을 공유해주는 플랫폼을 찾아서 여행을 떠나야 합니다.

“

선택을 잘하고 클릭을 잘하는
역량(POWER of choosing & clicking)이 중요합니다.
나한테 돈이 되는 클릭이 좋은 클릭입니다.
단순 소비가 아닌 소득이 되는 클릭을 말합니다.
어떤 디지털 플랫폼을 클릭하느냐에 따라
운명이 바뀌게 되는 겁니다.
생존을 위해 ‘소비 클릭(squandering clicks)’ 이 아니라
‘소득 클릭(prolific clicks)’ 을 해야 합니다.

”

02

생존 키워드: '선택' 과 '클릭'

소비 클릭이 아닌 소득 클릭 하기

좋은 플랫폼을 찾으려면 '선택' 과 '클릭' 을 잘해야 합니다. 선택을 잘하고 클릭을 잘하는 역량(POWER of choosing & clicking)이 중요합니다.

그러면 좋은 선택과 클릭이란 무엇일까요? 단언컨대 나한테 돈이 되는 클릭이 좋은 클릭입니다. 단순 소비가 아닌 소득이 되는 클릭을 말합니다. 즉 어떤 디지털 플랫폼을 클릭하느냐에 따라 운명이 바뀌게 되는 겁니다. 돈이 안 되고 단순히 시간만 소비하고 돈을 소비하는 클릭을 하고 있다면 당신은 지금 나쁜 클릭(squandering clicks)을 하고 있는 것입니다.

우리는 앞으로 생존을 위해 '소비 클릭(squandering clicks)' 이 아니라

'소득 클릭(prolific clicks)' 을 해야 합니다. 그런데 이 선택은 내가 어느 정도 그 분야에 대해 지능과 지식이 있고 어느 정도 통찰력과 판단력이 있어야 가능합니다. 통찰력 부족으로 매번 잘못된 선택을 하여 곤경에 빠지는 것을 저는 참으로 많이 지켜보며 안타까웠습니다.

현재를 위한 선택인가 미래를 위한 선택인가?

나이키 창업 초기인 1975년, 나이키 주가가 330원밖에 안 됐던, 아직 별 볼일 없던 회사였던 시절의 이야기입니다. 당시 유명한 스펜서 헤이우드라는 농구선수를 찾아가 나이키 신발을 한 번만 신고 경기에 뛰어주면 1억 원을 주겠다는 제안을 했고 이 제안이 마음에 안 들면 나이키 주식의 10%를 준다는 제안도 같이 했습니다.

헤이우드 선수는 매니저에게 전화를 걸어 물어봅니다. 그러자 매니저로부터 답이 옵니다. 듣도 보도 못한 신생기업의 주식 10%를 가져봤자 아무 소용없으니 그냥 현금 1억 원이나 받아오라고 말입니다. 그래서 그는 주식을 포기하고 1억 원을 받는 선택을 했습니다. 그는 현금 1억 원을 받고 그 돈으로 술 먹고 놀고 유흥으로 다 썼습니다. 당시 그의 연봉이 100억 원이 넘었으니 그까짓 1억은 파티 한 번 하면 끝나는 돈이었을 것입니다.

그러나 그 후 나이키는 상장을 하고 45년이 지난 지금 그 10%의 주식 가치는 13조 원을 넘는 주식으로 성장했습니다. 만약 그때 그가 1억 원을 받는 대신 주식을 받는 선택을 했더라면 40년 후에 어떻게 됐을까요? 13조 2천억이 넘는 가치가 됐을 것입니다. 그는 이후 나이키 소식을 접할 때마다 자신의 바보 같은 선택을 후회했다고 합니다.

기회는 항상 오지 않는다

저 또한 젊은 시절 바보 같은 선택을 한 적이 있습니다. 1989년 저는 삼성그룹에 공채로 입사 후 삼성건설로 배정되어 오리엔테이션을 마치고 관계사인 삼성전자 건설 현장에 발령을 받고 근무를 시작했습니다. 마침 삼성그룹은 반도체 산업에 뛰어들어 기흥에 대규모 반도체 공장을 짓고 있었고 앞으로 삼성이 반도체 산업을 중심으로 그룹을 키울 것이라고 하면서 선배가 삼성전자 주식을 사 놓으라고 권유했습니다. 그러나 저는 주식을 잘 모르고, 돈도 없다고, 거절을 했습니다. 그때 삼성이 반도체 시장에 잘못 들어가서 망한다는 루머도 있었습니다.

당시 삼성전자가 한주 380원이었는데 2021년 액면 분할 전 490만 원까지 올랐으니 약 1만3,000배가 오른 셈입니다. 만약에 제가 그 선배 말대로 삼성전자 주식을 사서 팔지 않고 가지고 있었으면 어떻게 되었을까요? 정말 바보 같은 선택이 아닐 수 없습니다.

바보 같은 선택을 한 사례는 저뿐만이 아닌 모양입니다. 아마존 창업 당시 투자자들을 모집하는 과정에서 수 많은 사람들로부터 거절을 당한 이야기입니다. 창업 당시 약 60여 명에게 투자를 권했는데 22명은 소액이라도 투자를 했고 38명은 투자를 거절했습니다. 25년이 흘러 초기에 1억 원을 투자한 사람들은 약 4조 원을 배당 받는 초대박을 쳤다는 소식을 들었습니다.

인생이 바로 이렇습니다. 제가 젊었을 때 경제 관련 교훈을 가르쳐 주는 스승이 있었다면 저는 벌써 젊었을 때 어마어마한 부자가 되었을 것입니다.

잘못된 만남, 나쁜 선택과 이별하라

인생을 살아보니 만남과 선택에 따라 성공과 실패가 달려 있다는 것을 뼈저리게 느낍니다. 잘못된 만남은 인생의 치명적인 상처를 남깁니다. 사람 보는 안목이 없어서, 미래를 예측하는 안목이 없어서 잘못된 선택을 하는 경우를 수없이 많이 봅니다.

특히나 디지털 자본주의 시대에는 좋은 선택을 할 수 있도록 나 자신이 해당 분야뿐만 아니라 세상 돌아가는 배경정보에 눈을 떠야 합니다. 그 안목이 없어서 엉뚱한 클릭을 하여 평생 쌓아온 아날로그 자산을 한 방에 날려버리고 가난의 구렁텅이로 떨어져 다시는 재기 불능한 상태로 희망 없이 살게 될 수도 있습니다.

우리 주변에도 2021년에 집값이 상투일 때 '영끌' 해서 집을 구입하여 갭 투자를 한 사람들이 많이 있습니다. 그런 사람들이 지금 집값은 하락하고 고금리 시대가 되자 월급의 반 이상을 이자 갚는 데 지출하면서 고통받고 있는 형국입니다.

즉 무지한 선택과 잘못된 클릭이 망하는 지름길이 되는 겁니다. 특히 강남 테헤란로의 가상화폐 다단계 수법에 걸려들어 허황된 꿈을 꾸기 시작하면 절대 그 바닥에서 헤쳐 나오기 힘듭니다. 허황된 욕망의 끝은 멸망뿐입니다. 테헤란의 눈물이 한 방울 늘어날 뿐입니다.

"

이제 머리가 좋아도, 혹은 공부를 열심히 해서
명문대학교를 나와도, 구시대인 산업 사회의
지식만으로는 소용이 없는 세상이 되었습니다.
인간의 능력을 능가하는 인공지능의 시대가 되었기
때문입니다. 때문에 인공 지능 시대에는 인공지능에
의해 대체되지 않는, 대체 불가능한 나를 만드는
방법을 찾아야 합니다.

"

03

대체 불가능한 '나' 만들기

안일한 선택을 하면 위기를 맞는다

인공지능 핵심 부품인 반도체 분야에서도 AI의 혁명적인 발전에 필적할만한 제품을 만들지 못하면 도태되는 시대입니다.

예를 들어 인공지능 칩의 핵심인 GPU 시장의 90%를 장악한 엔비디아는 단기간에 전 세계 시가총액 1등을 차지하는 기염을 토했습니다. 반면에 삼성전자의 경우 약 20년 넘게 반도체 D램 시장에서 1위의 지위를 차지했지만, 최근 인공지능 칩에 들어가는, 12단 쌓는 고영 역대 HBM 메모리 반도체 생산 시장에서 경쟁력을 잃어버려 삼성 위기설까지 나오고 있는 상황입니다.

주식시장에서도 삼성전자 주가가 49,000원까지 폭락하였습니다. 대한민국 국민이 제일 많이 보유한 삼성전자 주식이기에 많은 투자자에게 고통을 주고 있습니다. 그래서 삼성은 비상 경영체제로 돌입하여 인공지능 칩 생산 능력을 갖추기 위한 필사적인 연구 개발 노력을 하고 있습니다.

이런 시대 변화에 적응 못하면 아무리 최고의 기업이라도 위기를 맞는다는 것을 보여주는 본보기입니다. 삼성뿐만 아니라 AI 혁명에 대응하기 위해 BIG 4 기업들은 수천 조에 해당하는 막대한 자본을 투입하고 미래를 준비하고 있습니다. 이는 당연한 흐름이라고 봅니다.

이 변화의 물결에 역행하면 삼성도 망한다는 삼성 위기론이 나올 정도로 AI 혁명은 생각보다 훨씬 빠르고 심각합니다. 따라서 이 거대한 시대 변화의 흐름을 이해하고 미래를 준비하는 것이 무엇보다 중요합니다.

Chat GPT에게 물어보다

이제 머리가 좋아도, 혹은 공부를 열심히 해서 명문 대학교를 나와도, 산업사회의 지식만으로는 소용이 없는 세상이 되었습니다. 인간의 능력을 능가하는 인공지능의 시대가 되었기 때문입니다. 따라서 인공지능 시대에는 인공지능에 의해 대체되지 않는, 대체 불가능한 나를 만드는 방법을 찾아야 합니다.

'잉여인간이 되지 않기 위한 방안' 에 대해 Chat GPT에게 질문을 했더니 다음과 같이 답이 왔습니다.

인공지능 시대에서 인간이 '잉여인간' 이 되지 않으려면, 변화하는 사회와 경제 구조에 적응하며 AI와 공존할 수 있는 역량을 키우는 것이 필수적입니다. 이를 위해 준비해야 할 구체적인 전략은 기술, 교육, 윤리적 접근, 그리고 인간 고유의 강점을 강화하는 방향으로 나눌 수 있습니다.

1. 기술적 역량 강화 : AI와 협력하며 가치를 창출하려면 기술 활용 능력을 키워야 합니다.

(1) 디지털 리터러시

- 컴퓨터, 인터넷, 데이터 활용 능력을 기본으로 익히기
- 도구와 플랫폼을 이해하고 활용하는 방법 학습

예: Chat GPT, MidJourney, AutoGPT 등

(2) 코딩 및 프로그래밍

- 기본적인 프로그래밍 기술을 익혀 AI를 설계하거나 활용할 수 있는 능력 배양
- 필수언어:

Python: AI 및 데이터 분석에 적합

SQL: 데이터베이스 관리

R 또는 Julia: 데이터 과학과 통계 분석

(3) AI와 데이터 이해

- AI의 기본 작동 원리, 머신러닝, 데이터 과학의 기초를 학습
- AI의 한계와 가능성을 정확히 이해하여 AI의 도구적 활용 능력 강화

2. 창의성과 감성 지능 강화 : AI는 분석적 작업에 강하지만, 창의성과 감성적 판단에서는 여전히 인간이 우위에 있습니다.

(1) 창의적 사고 개발

- 문제 해결 능력과 창의적 아이디어를 발굴하는 능력을 키움
- 창작 활동: 글쓰기, 디자인, 음악, 예술 등

(2) 감성 지능(EQ)

- 공감 능력, 대인관계 기술, 협력 능력을 강화
- 팀워크와 리더십 능력을 통해 인간만의 사회적 가치를 높임

(3) 다학제적 접근

- 한 가지 전문 분야에 국한되지 않고, 여러 분야를 융합할 수 있는 능력 개발
  예: 인문학과 AI, 예술과 기술의 융합

3. 평생학습과 적응 능력 : AI 시대에서는 기술과 지식이 빠르게 변화하므로 지속적인 학습이 필수적입니다.

(1) 학습 습관 형성

- 정기적으로 새로운 기술과 지식을 습득하는 평생학습 체계 확립
- 온라인 교육 플랫폼 활용: Coursera, Udemy, Khan Academy 등

(2) 변화에 대한 유연성

- 새로운 기술과 작업 방식을 빠르게 수용하고 적응할 수 있는 개방적 태도 유지

4. AI와의 협력 능력 : AI를 경쟁 상대로 보지 않고, 협력 도구로 활용하는 태도가 필요합니다.

(1) AI를 업무에 통합

- AI를 통해 업무 효율을 높이고, 반복적이거나 시간 소모적인 작업을 자동화

예: 데이터 분석, 마케팅 전략 최적화, 고객 지원

(2) 인간 중심의 AI 활용

- AI가 해결하지 못하는 문제를 탐색하고, 인간의 창의성으로 이를 해결하는 역할 맡기

5. 인간 고유의 가치를 강화 : AI가 대체하기 어려운 인간의 고유한 능력을 발전시켜야 합니다.

(1) 윤리적 판단

- AI의 의사결정 과정에서 인간의 윤리적 기준을 설정하고 책임을 관리
- AI와 관련된 사회적, 법적 문제 해결에 기여

(2) 공감과 서비스 중심 직업

- AI가 대체하기 어려운 '사람 대 사람' 의 역할을 수행

예: 상담사, 간병인, 교육자, 예술가

(3) 사회적 역할 강조

- 지역사회와 공동체 활동에 참여하며 사회적 가치를 창출

6. 창업과 자율적 생존 능력 : AI를 활용해 새로운 기회를 창출하는 창업 또는 자영업 능력을 강화.

- AI 기반 서비스나 제품 개발, 창의적 사업 모델 도입

7. 정책적, 사회적 준비

(1) 기본 소득 논의 참여

- AI로 인해 일자리가 감소할 가능성에 대비해 기본 소득 정책에 대한 지식과 의견을 마련

- 기술 발전과 사회적 안전망의 균형을 찾는 데 기여

(2) 공동체적 관점

- 기술 발전의 혜택이 공평하게 분배되도록 윤리적, 정책적 관점에서 목소리 내기

8. AI의 한계 이해 및 감시

- AI의 위험성과 한계를 인식하고, 책임 있는 개발과 활용을 요구
- AI에 대한 비판적 사고를 통해 기술의 부작용을 감시하고 대응

결론

AI 시대에서 인간은 단순히 생존을 위해 기술을 따라잡는 것 이상을 준비해야 합니다. 인간 고유의 창의성, 감성 지능, 윤리적 판단력을 중심으로 AI와 상호보완적 관계를 형성하고, 지속적으로 학습하며 변화에 유연하게 적응하는 것이 핵심입니다. AI를 경쟁자로 보지 않고 협력자로 삼아 가치를 창출하는 방향으로 준비한다면, 잉여인간이 아닌 필수적 존재로 자리매김할 수 있습니다.

끊임없이 배우고

유연하게 적응하고

인공지능과 협력해

가치를 만들어야 합니다.

“

여러분은 휴대폰과 노트북을 연동해서 사용할 수
있으신가요? 노트북에서 작업했던 것을 어떻게
휴대폰으로 자료를 받는지, 또 휴대폰에서 작업한
것을 노트북으로 어떻게 받는지 알아야 합니다.
이런 것들을 아는 사람과 잘 모르는 사람과는
업무 처리 생산성에서 큰 차이를 보입니다.
스마트 디바이스 기기를 잘 사용할 줄 알아야 합니다.

”

04

인공지능시대에 슬기롭게 생존하기

스마트 디바이스 사용법 익히기

그럼 어떻게 준비를 하면 인공지능 시대에서 살아남을 수 있을까요?

인공지능 시대에는 각종 스마트한 디바이스가 있는데 이 디바이스들을 자유자재로 사용할 줄 알아야 합니다. 여러분은 휴대폰과 노트북을 연동해서 사용할 수 있나요? 스스로 체크해보세요. 노트북에서 작업했던 것을 어떻게 휴대폰으로 자료를 받는지, 또 휴대폰에서 작업한 것을 노트북으로 어떻게 받는지 알아야 합니다. 이런 것들을 아는 사람과 잘 모르는 사람과는 업무 처리 생산성에서 큰 차이를 보입니다.

우선 디바이스 기기를 잘 사용할 줄 알아야 합니다. 정보를 클라우드에 저장하고, 필요할 때 바로 다운받고, 때로 Chat GPT도 활용하여

PPT도 만들고, 해외 직구 사이트도 등록해서 실제로 필요한 물건을 검색해서 구매 주문도 넣어보십시오. 차근차근 디지털 경제에 적응해야 합니다. 이런 작은 것부터 시작해서 디지털 시대를 살아가기 위한 공부를 진행하여 'AI 사피엔스' 로 변신해야 합니다.

그리고 어느 시대든 간에 시대 흐름에 딱 맞는 비즈니스를 선택하는 안목이 필요합니다. 사업을 준비하는 분들은 디지털 경제의 안목과 지식, 경험이 필요합니다. 디지털 경제 시대는 어떤 사이트, 어떤 플랫폼에 연결하고 클릭하는지에 따라 성공의 승패가 좌우됩니다.

즉 좋은 연결과 좋은 클릭이 중요합니다. 정보 검색을 위해 어떤 플랫폼을 사용하는가가 중요해졌습니다. 지식을 연결하고 물건을 연결하고 사람을 연결하는 연결의 시대가 온 겁니다.

연결하고 공유하고 상생하기

디지털 자본주의 시대의 중요한 키워드 중 하나는 '초연결 사회(hyper-connected society)' 입니다.

첫째, 과거에는 관리가 중요했다면 앞으로는 관리가 아니라 연결이 중요합니다. 연결을 얼마나 잘하는가가 능력이 되는 시대입니다. 사람과 사람을 연결시켜주고 사람과 정보를 연결시켜주는 '연결의 시대' 인

것입니다. 어떤 노하우(기술, 지식)를 다 갖고 있지 못하더라도, 노하우를 갖고 있는 사람들이나 출처를 연결시킬 정도만 되면 됩니다. 이 연결하는 힘은 우리 보통 사람들도 다 할 수 있는 것입니다.

예를 들어 보통 사람들이 '텔레미어' 라든가 '미토콘드리아' 에 대한 지식을 다 알고 설명하는 것은 어렵습니다. 그러나 텔레미어가 생명을 연장하는 데 결정적인 역할을 한다는 것을 과학적으로 증명하는 자료가 어디 있는지를 안다면 그것을 필요한 사람에게 링크를 복사해서 연결시킬 수 있습니다. 그래서 지식을 습득하는 것이 아니라 지식을 연결시키는 것만으로도 살아남을 수 있습니다. 누구나 조금만 노력하여 올바른 클릭만 할 줄 알아도 성공할 수 있는 세상이 왔습니다.

둘째, 그렇다고 아무 데나 연결하면 안 됩니다. 단순 연결이 아니라 공유 시스템을 통해 다른 사람들과 같이 공유해야 합니다.

셋째, 단순 공유가 아니라 이익을 나누는 상생 시스템이 있는 플랫폼이어야 합니다. 혼자만 이익을 얻는 플랫폼이 아니라 좋은 정보를 공유하면서 서로의 이익이 커지는 상생과 나눔 시스템이 구축되어 있어야 지속적인 확장과 지속적인 수익이 발생합니다. 연결하는 공유의 크기가 커지면 커질수록 수익이 커지는 조건을 만족시키는 플랫폼을 찾아서 클릭해야 합니다.

노-하우가 아닌 노-웨어가 중요

재능도 아날로그 시대와 디지털 시대가 요구하는 재능이 다릅니다. 아날로그는 시대는 '노-하우(know-how)' 가 중요했던 시대로. 내가 지식을 많이 쌓는 것이 경쟁력이었습니다.

그런데 디지털 시대는 다릅니다. 노-하우가 아닌 '노-웨어(know-where)', 즉 '지식이 어디 있는지' 를 아는 것이 경쟁력이고 재능이 됩니다. 내가 해당 지식을 몰라도 그 지식의 출처가 어디에 있는지를 아는 것이 중요합니다. 노하우가 없더라도 궁금한 내용이 어디에 있는지 찾아가서 클릭할 수 있는 능력이 노-웨어 능력입니다. 그래서 연결과 접속이 중요하다고 말하는 것입니다.

당뇨병에 걸렸다고 했을 때 치료법을 다 알 필요는 없지만 당뇨병에 대한 정보를 클릭해서 연결할 수 있으면 됩니다. 내가 똑똑하고 안 똑똑하고, 알고 모르고는 별로 차이가 없습니다. 그렇기 때문에 옛날에는 똑똑한 사람이 성공을 했는데 요즘은 똑똑하지 않아도 '노-웨어' 를 알고 있고 재치가 있는 사람, 좋은 클릭을 하는 능력을 갖춘 사람이 성공할 확률이 높은 것입니다.

지식을 다

알 필요는 없습니다.

지식이 어디에 있는지

찾을 수 있으면 됩니다.

“

스티브 잡스, 빌 게이츠, 일론 머스크 같은 인재들이
왜 우리나라에서는 나오지 못할까요?
무엇이 다르기에 우리나라에서는 노벨상 받는
과학자가 한 명도 없을까요?
만약 스티브 잡스, 빌 게이츠, 일론 머스크 같은
인재가 대한민국에서 태어났어도
지금처럼 성공할 수 있었을까요?
과거의 교육으로는 디지털 경제의 인재를
양성할 수 없습니다.

”

05

교육개혁이 필요한 이유

미래가 시작되었는데 과거를 가르치고 있다

지금 우리나라의 가장 큰 문제 중 하나는 '낙후된 교육 시스템' 이라고 단언할 수 있습니다. 4차 산업혁명 시대에 AI, 반도체와 같은 4차 산업혁명 분야의 전문 인력을 확보할 수 있는 교육 시스템이 부재합니다. 인공지능 시대에 맞는 인재 양성을 하려면, 관련 학과를 증원하고 우수한 인력이 모이도록 혜택을 줘서라도 젊은 인재들을 양성해야 합니다.

그러나 우리의 현실은 어떠합니까? 의사 2,000명 증원 문제로 나라가 의료 대란의 혼란에서 벗어나지 못하고 있는 현실, 다시 말해 최고의 우수한 인재들이 과학과 미래 첨단산업으로 진출하기보다는 개인의 안정적인 고수익이 보장되는 직군으로만 몰리는 안타까운 현실입니다.

스티브 잡스, 빌 게이츠, 일론 머스크 같은 인재들이 왜 우리나라에서는 나오지 못할까요? 무엇이 다르기에 우리나라에서는 노벨상 받는 과학자가 한 명도 없을까요? 만약 스티브 잡스, 빌 게이츠, 일론 머스크 같은 인재가 대한민국에서 태어났어도 지금처럼 성공할 수 있었을까요?

50년 전의 방식으로 가르칠 것인가?

안타깝게도 우리 교육은 기성세대가 50년 전에 배웠던 것을 아직도 똑같이 가르치고 있습니다. 과거의 암기 위주의 주입식 교육과 문제풀이 방식의 테스트로 선발하는 현재의 대입 입시제도로는 디지털 경제의 인재를 양성할 수 없습니다. 특히 문제풀이식 수학 교육을 반복하고 있는 이 현실 속에서는 절대 창의력과 사고력이 요구되는 디지털 경제의 인재를 키울 수 있는 환경이 안 됩니다.

우리나라 입시제도는 과거 산업화 시대의 산물입니다. 그 누구도 아이들에게 시대 변화를 가르쳐 주지 않는데, 지금은 산업화 시대의 아날로그 경제가 저물고 디지털 경제가 생활 속 깊숙이 침투하고 있는 시대입니다. 이런 시대에 미래 디지털 자본주의에 대한 준비를 시키지 않는다면 대한민국의 미래가 밝아질 수 있을까요?

기존 산업화 시대의 방식대로 전공과목을 가르치는 교육이 변화하지 않는다면, 미래 우리의 아이들은 결국 인공지능에 의해 밀려나는 잉여인간이 되어 디지털 경제 시대의 희생양으로 전락할 수도 있습니다. 대체 가능한 노동력은 모두 인공지능 로봇에게 빼앗기고 아무짝에도 쓸모없는 부류에 나의 자녀들이 속한다면 부모로서 어떻습니까?

유대인의 교육법에 답이 있다

당신은 자녀들에게 무엇을 물려주고 싶습니까? 돈이나 집을 물려주고 싶으신가요? 하지만 돈은 아무리 많이 물려주어도 잘못하면 다 써버리거나 사기 한 번 당하면 한순간에 없어져 버립니다. 반면에 지혜는 아무도 빼앗아갈 수 없습니다. 남이 빼앗을 수 없는 지혜를 물려주는 일이 부모로서 해야 될 일이라는 것, 이는 유대인의 자녀 교육법에도 나오는 이야기입니다.

유대인들은 수천 년간 나라 없이 떠돌아다니는 삶을 살았습니다. 이국땅에서 항상 멸시와 차별을 받으면서도 생존하는 법을 배웠습니다. 열악한 환경에서 돈보다 삶의 지혜를 물려주려는 노력을 해왔습니다. 그 결과 현재 노벨상 수상자중 25%를 차지하는 사람들이 유대인이라고 합니다. 아인슈타인, 칼 마르크스, 프로이트, 빌 게이츠, 키신저, 스필버그 감독, 조지 소로스, 록펠러 등 다양한 분야에서 세계적으로 인정받은 위인들 다수가 유대인입니다.

유대인들은 경제적인 자립심에 대해서도 어릴 때부터 철저히 교육시킵니다. 또한 탈무드 지혜를 전수하면서 현실 세계에서 현명하게 살아가는 방법을 가르칩니다. 창의력 개발에 힘써, 각자 타고난 자신의 재주, 재능을 발굴하여 그 분야의 전문가가 되도록 개인별 맞춤형 교육을 하는 것으로 유명합니다.

특히 두 명이 짝을 지어 논쟁을 통해 진리를 찾아가는 하브루타는 유대인만의 독특한 토론식 공부법으로 의사소통능력을 개발하는 데 탁월하며 메타인지를 높이는 장점이 있습니다.

즉 유대인의 자녀 교육법은 삶의 지혜와 창의력을 개발하고 의사소통능력과 메타인지 능력을 높여주는 데 탁월합니다. 그런데 유대인이 강조해온 이러한 창의력은 인공지능 시대를 살아가는 인간에게 가장 필요한 덕목들입니다.

창의력과 메타인지를

키울 수 있는

미래 디지털 시대의

교육을 해야 합니다.

“

한국인들은 3000년의 농경사회와 300년의 산업화
사회와 30년의 정보화 사회를 한 세대가 동시에
경험한 최초의 인류 집단입니다. 그리고 이제
4차 혁명의 인공지능이라는 괴물과 경쟁하면서
인간의 노동력을 다 빼앗길 지경에 이르렀습니다.
따라서 우리는 세상을 바라보는 패러다임,
생각의 패러다임을 완전히 바꾸어야 합니다.

”

06

인공지능과 친구가 되어라

파도만 보지 말고 파도를 일으키는 바람을 보라

몇백 년 전에 산업혁명으로 시작된 산업 자본의 아날로그 자본주의 시대에서 인터넷 혁명과 AI 혁명이 몰고 온 디지털 자본주의 시대로의 대전환은 2007년 스마트폰이 나오면서 가속화되었습니다. 3천 년 동안의 농경 사회의 변화 속도보다 지난 30년간의 정보화 사회의 변화 속도가 1만 배 이상으로 빠릅니다.

특히 한국인들은 3000년의 농경사회와 300년의 산업화 사회와 30년의 정보화 사회를 동시에 경험한 최초의 인류 집단입니다. 그리고 이제4차 혁명의 인공지능이라는 괴물과 경쟁하면서 인간의 노동력을 다 빼앗길 지경에 이르렀습니다. 따라서 우리는 세상을 바라보는 패러다임, 생각의 패러다임을 완전히 바꾸어야 합니다.

스마트폰에 탑재되어 나오는 인공지능 시리(Siri), 일론 머스크의 스마트 공장에서 일할 옵티머스2라는 인공지능 로봇, 구글에서 출시한 'Gemini' 라는 인공지능 앱 등, 2024년에도 이처럼 다양한 파도가 치고 있습니다. 그러나 눈앞의 파도만 보면 진짜 큰 변화를 볼 수 없습니다. 파도를 일으키는 바람을 읽어야 합니다. 그 파도를 일으키는 바람이 바로 디지털 자본주의입니다. 그냥 인공지능 쓰나미에 당할 건지, 뭔가 대책을 강구할 것인지 우리는 선택을 해야 합니다.

그러나 세상이 이렇게 변했는데도 우리들 대다수는 그냥 열심히 살기만 합니다. 옛날 아날로그 자본주의 시대에는 하루하루 열심히 사는 것이 정답이었습니다. 그런데 디지털 자본주의 시대에선 그냥 열심히 살다 보면 까딱하면 '한심이(바보)' 가 됩니다.

'근면 성실' 로 무장하고 단순히 열심히 사는 '한심이' 가 내 모습은 혹시 아닌가? 한 번 심각하게 고민해볼 때라고 생각합니다. 점점 가난해지는 줄도 모르고 그냥 살아가는 개미 같은 삶이 혹시 당신의 삶은 아닐지 자문해보아야 합니다.

개미보다 베짱이가 더 잘 사는 세상을 받아들이자

옛날 '개미와 베짱이' 이야기가 생각납니다. 개미들은 봄에는 씨 뿌리고 여름에는 땀 흘려 일해서 가을에 곡식을 거두어 겨울이 왔을 때 그것을 먹으면서 추운 겨울을 따뜻하게 보내는데, 베짱이는 봄여름가을겨울 내내 노래하고 바이올린을 켜면서 놀다가 겨울이 되어 먹을 것이 없어지자 개미의 집에 구걸하고 다닌다는 이야기를 잘 알고 있을 겁니다.

그런데 과연 현재에도 그런가요? 이제는 개미처럼 열심히만 하는 것이 잘 사는 것이 아닙니다. 본인을 '딴따라' 라 칭하는 가수 박진영은 지금 JYP엔터의 최대주주로 엄청난 부자가 되었습니다. 베짱이들이 부자가 되는 시대로 변한 것입니다. 수만, 수십만 명의 개미들이 베짱이들의 공연을 보려고 몇십만 원짜리 공연 티켓을 구입하고 공연장으로 달려갑니다. 몇십만 원, 몇백만 원짜리 굿즈(GOODS; 서비스 및 상품)를 구매하는 것을 아무렇지도 않게 생각하는 겁니다.

젊은 MZ세대는 즐기는 것에 소비하고 지출하기를 아끼지 않습니다. 춤과 노래, 영화 같은 무형의 자산이 돈이 되는 세상이 디지털 자본주의 시대입니다. 기성세대들은 가치관에 혼돈이 오겠지만, 이 혼돈을 받아들일 필요가 있습니다.

인공지능과 싸우지 말고 친구가 되어라

여러분은 AI를 업무에 활용하고 있나요? 10시간, 20시간 정도 해야 만들 수 있는 것들도 AI에 명령만 잘 입력하면 몇 분 안에 다 만들 수 있다는 것을 알고 있나요?

4차 산업혁명 시대에 잉여인간이 되지 않으려면 인공지능을 잘 다룰 수 있는 능력을 갖추도록 준비해야 합니다. 인공지능과 경쟁해서 싸울 생각을 하시면 절대 안 됩니다. 너무 두려워할 필요도 없습니다. 인공지능과 친구처럼 사귀어서 나의 부족한 점을 보완해주는 조수로 아니면 일을 협업하는 파트너로 만드시길 바랍니다.

젊은이들은 Chat GPT를 활용해서 단편영화를 만들어 영화제에 출품하고 상을 받고 큰돈을 벌기도 합니다. Chat GPT를 활용해 이미지를 만들고 소설도 쓰고 논문도 씁니다. 예전엔 강의를 듣고 나서 몇 시간짜리 내용을 정리하거나 타이핑 하느라 많은 시간을 소요했지만, '클로버노트' 라는 인공지능 앱을 사용하면 2분도 채 안 되어 음성 파일을 깔끔한 원고 형태로 정리해줍니다. 이러한 기능들을 어렵게 생각하지 말고 기꺼이 배워야 합니다.

용기를 내서 인공지능과 친구가 되어 협업하는 공생법을 배워야 합니다. 그중 가장 편리하게 접근하고 배울 수 있는 것이 Chat GPT입니다.

Chat GPT를 활용하면 검색 수준이 아니라 리포트까지 써서 정리해주고 영상도 만들어줍니다. 저도 매일 조금씩 Chat GPT와 대화를 시작하니 점점 익숙해졌습니다. 얼마 전에는 'Chat GPT를 잘 활용하는 방법' 을 물어보니 다음과 같이 답을 해주었습니다.

Chat GPT를 잘 활용하는 방법

1. 질문을 명확하고 구체적으로 작성하기

- 간결하고 구체적인 질문일수록 더 정확한 답변을 얻을 수 있습니다.

  좋은 질문 예시: "이탈리아 여행 계획을 세울 때 가장 인기 있는 도시와 추천 활동은?"

  불분명한 질문 예시: "여행 추천"

2. 맥락을 제공하기

- 질문에 필요한 배경 정보를 추가하면 더욱 유용한 답변을 받을 수 있습니다.

  예: "초보자를 위한 Python 코딩 튜토리얼을 추천해주세요"

3. 반복 질문으로 세부정보 얻기

- 첫 번째 답변이 만족스럽지 않다면 세부질문을 통해 원하는 내용을 구체화 하세요.

  예: "이 내용을 조금 더 기술적으로 설명해 주세요."

4. 활용 분야에 따라 맞춤형 사용

- 교육: 복잡한 개념을 쉽게 설명받거나 학습 자료 요약
- 프로그램 개발: 코드 작성, 디버깅 지원
- 일상생활: 이메일 작성, 일정 계획, 추천받기
- 창작: 글쓰기 아이디어 제안, 창의적 작업 보조

5. 플러그인 및 API 활용

- Open AI API: 개발자라면 Open AI의 API를 활용해 자신의 서비스에 Chat GPT를 통합할 수 있습니다.
- 플러그인: Chat GPT 플러그인을 통해 데이터 분석, 검색, 외부 애플리케이션과의 연동 가능

6. 실습과 피드백 활용

- Chat GPT를 자주 사용하며 다양한 질문을 시도하고, 피드백을 통해 모델의 강점과 약점을 파악하세요.

Chat GPT 활용 시 주의점

- 사실 확인 필요: Chat GPT는 잘못된 정보를 생성할 수도 있으므로, 중요한 정보를 사용할 때는 추가 검증이 필요합니다.
- 민감한 정보 보호: 개인정보나 민감한 데이터를 입력하지 않도록 주의하세요.
- 명확한 목적 설정: 목적 없이 무작정 대화를 시작하면 효율성이 떨어질 수 있습니다.

활용 능력을 높이기 위한 추가 팁

- 관련 문서 학습: Open AI 공식 문서나 튜토리얼을 참고해 Chat GPT의 기능을 더 잘 이해
- 새로운 기능 테스트: Chat GPT의 업데이트 내용이나 새로운 기능을 주기적으로 확인
- 피드백 제공: Open AI에 피드백을 보내면 서비스 개선에 기여할 수 있습니다.

Chat GPT는 질문의 품질과 사용자의 창의성에 따라 무궁무진한 가능성을 제공하는 도구입니다. 이를 활용하는 방법을 꾸준히 탐구하며 경험을 쌓는 것이 중요합니다!

“

모두가 창의력 있는 사람이 될 수 없을지는 몰라도,
대신 창의력 있는 0.1%의 사람을 알아보고
협업할 수는 있습니다. 우리는 신이 주신
‘생각할 수 있는 능력’ 을 가지고 그냥 카톡만 하면
안 됩니다. 새로운 비즈니스를 제안받으면
‘이것이 이익이 되는지 안 되는지’, 또 다른
비즈니스가 오면 ‘이게 될 것인지 안 될 것인지’
분석하고 생각하고 상상해야 합니다.

”

07

공감 능력과 창의력으로 생각을 경영하라

인간만의 고유한 능력을 활용하자

로댕의 생각하는 조각상에게 물었습니다. 인간이 동물과 다른 능력이 무엇인지? 신께서 준 그 능력, AI보다, 동물보다 탁월한 능력, 그것은 바로 생각할 수 있는 능력, 창의력과 공감의 능력입니다. 이 신의 선물을 제대로 쓰기 위해서는 생각을 경영할 줄 아는 능력을 키워야 합니다. 생각을 경영한다는 것은 바로 생각하는 힘을 키우는 것, 그리고 극복하는 힘을 키우는 것입니다.

첫째, 사고력을 키워야 합니다. 모든 아이디어는 생각, 즉 사고력에서 나옵니다.

둘째, 상상력을 키워야 합니다. 인간은 상상력이 있어서 모든 아이디어를 구체화하는 능력을 가지고 있습니다. 그것이 동물과 다른 점입니다. 현실 세계가 아무리 힘들어도 인간은 유토피아를 떠올리며 그려낼 수 있습니다.

셋째, 통찰력을 키워야 합니다. 사물을 대충 보는 게 아니라 꿰뚫어 볼 수 있는 육감, 식스 센스(sixth sense), 사물을 깊게 보고 다른 차원을 볼 수 있는 통찰력이 미래 구상을 위한 선택의 클릭에서 중요합니다. 오감을 통해서 기본적인 분석을 하고 최종적으로 육감으로 결정하면 실수가 줄어들 것입니다.

위 능력을 키우기 위해서는 다음 세 가지가 중요합니다.

첫째, 창의력입니다. 창의력은 세상에 없던 새로운 것을 상상하고 만들어내는 능력입니다.

둘째, 공감 능력입니다. 감정을 이해하고 공감하고 소통하는 능력도 인간의 고유의 영역입니다.

셋째, 의지력입니다. 현실이 힘들어도 이겨내고자 하는 극복 의지가 중요합니다.

모두가 창의력 있는 사람이 될 수 없을지는 몰라도, 대신 창의력 있는 0.1%의 사람을 알아보고 협업할 수는 있습니다. 선인장을 보면 선인장 가시에 찔리면 아플 것이라는 것을 알 수 있습니다. 가시에 찔려보지 않아도 아는 것, 바로 그것이 지혜의 영역입니다. 오감과 육감은 신이 준 선물 중 하나로 생존을 위한 경계의 수단이 됩니다. 이러한 능력들을 통해 그냥 멍하니 살아가는 것이 아니라 앞으로 미래 사회에 닥칠 리스크를 예측하고 대비할 수 있습니다.

그러므로 우리는 신이 주신 '생각할 수 있는 능력'을 가지고 그냥 카톡만 하면 안 됩니다. 뭔가 새로운 비즈니스를 제안받으면 '이것이 이익이 되는지 안 되는지', 또 다른 비즈니스가 오면 '이게 될 것인지 안 될 것인지' 분석하고 생각하고 상상해야 합니다.

만약에 내가 좀 분석력이 떨어져도 문제가 되지 않습니다. 자신이 분석력이 떨어지면 분석력이 있는 주변의 똘똘한 친구한테 물어보면 됩니다. 단, 그 분야의 전문가에게 물어봐야 합니다. 예를 들어 누군가가 가상화폐를 권한다면 실질적으로 성공한 경험과 철저한 합리적인 분석력이 있는 분에게 물어보길 바랍니다.

인공지능과 차별화를 만들어라

AI 혁명 시대에는 인간의 보편적인 기능들은 인공지능이 탑재된 로봇에 의해 대부분 대체될 수 있습니다. 그런데 AI가 갖지 못한 딱 두 가지가 있으니, 바로 창조 능력과 공감 능력입니다. 인공지능이 아무리 노력해도 아직은 인간의 감정을 이해하고 공감하는 능력은 따라 할 수 없습니다.

공감 능력은 사람과 사람에서 표정과 말투나 자세, 제스처 등 비언어적 요소를 보고 소통할 수 있는 능력입니다. 이러한 소통 능력은 인간만의 고유한 차별화되는 능력으로 인공지능 시대의 생존 전략으로 갖추어야 합니다.

인간의 고유한 특성은 사랑하고 공감할 수 있는 능력이며, 이는 인공지능이 따라 할 수 없는 분야이기에 디지털 시대에 오히려 굉장히 중요한 특성으로 부각될 것입니다. 인간만의 공감 능력과 창의력을 구현할 수 있는 대표적인 분야가 바로 영업 분야입니다.

좋은 네트워크비즈니스를 하나쯤은 준비하자

인공지능에 의해 대체되기 어려운 직종 1순위는 영업 분야, 2순위는 언론, 방송, 미디어 분야, 3순위는 교육 분야라고 합니다.

그중 50대 이상의 기성세대도 새롭게 도전할 수 있는 분야는 영업 분야입니다. 영업이라고 하면 물건을 파는 것으로 오해를 많이 하지만 지금 시대의 영업은 완전히 다릅니다. 옛날처럼 물건 들고 다니면서 파는 방문판매 같은 영업을 말하는 것이 아니라 고차원적인 영업을 해야 합니다.

그렇다면 고차원적인 영업이란 무엇일까요?

정보를 파는 영업입니다. 지식을 쌓게 해 주는 영업, 지식을 파는 영업입니다. 좋은 성공 시스템을 구축하는 것입니다. 이것이 바로 네트워크비즈니스 분야입니다. **네트워크비즈니스는 인공지능이 절대 진출하지 못할 분야이기도 합니다. 인공지능과의 경쟁을 피할 수 있는 안전지대 영역이기도 합니다.**

우리는 평생 소비생활을 해야 하고 돈을 계속 쓰는데, 정작 수익금은 플랫폼 회사의 주주들이 독식한다는 문제가 심각합니다. 그 이익을 공유할 수 있으면 좋을 텐데 말입니다. 네트워크비즈니스는 이러한 소비를 현명하게 바꿀 수 있는 방법을 제공해줍니다.

네트워크비즈니스의 특징은 보통 사람도 자본 없이 성공할 수 있는 시스템이 있다는 것입니다. 학력과 나이를 불문하고 모든 사람에게 기회를 공평하게 제공하는 사업입니다. 자본을 투자하는 것이 아니라 시간과 열정만 투자하면 성공 가능한 사업입니다. 여러분도 하나 정도는 본인의 상황에 맞는 좋은 네트워크 회사를 선택하여 투잡으로 꾸준히 도전하여 경제적 자유와 시간적 자유를 얻으시길 바랍니다.

“

니체는 ‘인간은 모두 태어나면서 각자가 살아갈 수
있는 재능 하나씩은 선물처럼 받고 태어난다’ 고
보았습니다. 신은 인간에게 공평하게 힘을 줬으니,
상상력과 공감 능력과 통찰력과 분석력을 갖춘
위대한 힘을 믿고 자신에게 내재 되어있던
사자와 같은 용맹한 마음, 잠재된 능력을 꺼내서
세상과 맞서 싸우는 삶을 살라는 것입니다.

”

08

사자의 삶을 살아라

노예로 살 것인가, 자유인으로 살 것인가

저는 공대 출신이지만 탈레스로부터 소크라테스, 아리스토텔레스를 포함한 수많은 철학자들이 말하는 철학적 사고와 인문학적 소양을 갖추려고 평생을 공부하였습니다. 그러다가 50대 후반에 철학 공부를 다시 하면서 니체를 만났습니다. 그리고 니체를 통해서 앞으로 현대인이 살아가는 데 있어서 지향해야 할 방향을 찾게 됩니다.

니체의 철학에 의하면 모든 사람은 두 그룹으로 나뉩니다. 노예와 자유인입니다. 이를 구분 하는 기준으로 하루 중 3분의 2를 자신을 위해 사용하지 못하는 사람은 누구든 노예 또는 종속인이라는 것입니다. 정치가, 사업가, 공무원, 학자, 그 어떤 인간이든 상관없습니다. 자기의 시간 중 3분의 2 이상을 남한테 빼앗기고 있다면 노예와도 같은 존재라는 것입니다.

니체는 이렇게 말합니다. '그 노예처럼 묶인 삶에서 벗어나려면 초인(超人)이 되라' 고 말입니다. 초인이란 고난을 견디기에 그치지 않고 고난을 사랑하는 사람이며 오히려 고난이 찾아오기를 촉구하는 사람, 그리고 그 고난을 극복하고 자유인이 되는 사람입니다.

자신에게 내재된 힘의 의지를 찾아라

니체는 또 '자신에게 내재된 힘의 의지를 갖고 있다고 믿으라' 고 말합니다. 이는 더 높은 곳으로 가고자 하는 의지를 말합니다. 남을 넘어서려고 하는 강자가 되고자 하는 의지를 말합니다. 이러한 의지를 부정하고 거부해서는 안 되며, 힘의 의지에 충실하여 인간을 종속 상태로 지배하는 도덕, 신, 국가론, 사상, 이념 등에 의지하거나 스스로 묶이는 노예의 가짜 도덕을 부수고 자기 자신의 가치를 스스로 창조해야만 한다고 메시지를 던집니다.

이 메시지에서 삶의 세 가지 모습을 얘기합니다. 당신은 지금 어떤 삶을 살고 있습니까?

낙타의 삶을 살고 있습니까, 아니면 사자의 삶을 살고 있습니까, 아니면 아기와 같은 천진난만한 삶을 살고 있습니까? 낙타는 태어날 때부터 짐을 지고 사막을 건너는 일을 숙명처럼 알고 그냥 살아가는 삶입니다. 살기가 힘들어도 사회 질서를 위해 낙타로 태어났으니까 그냥 운명을 받아들이고 열심히 살아가는 그런 삶입니다. 먹고사는 것만 해도 다행스러워 하면서 사회적인 도덕적인 교육을 받으면서 스스로 수긍하는 자로 강요받고 있다는 메시지입니다. 니체는 낙타처럼 세뇌되어 살지 말고 사자처럼, 즉 두려움과 맞서 도전하고 현실을 극복하는 삶을 살라고 말합니다.

자기 자신을 극복하라

니체는 '인간은 모두 태어나면서 각자가 살아갈 수 있는 재능 하나씩은 선물처럼 받고 태어난다' 고 본 것입니다. 인간에게 공평하게 힘을 줬으니, 상상력과 공감능력과 통찰력과 분석력을 갖춘 위대한 힘을 믿고 자신에게 내재되어 있던 사자와 같은 용맹한 마음, 잠재된 능력을 꺼내서 세상과 맞서 싸우는 삶을 살라는 것입니다. 그렇게 싸워 쟁취한 다음에는 아기와 같이 평안한, 진짜 '나의' 모습으로 행복하게, 시간으로부터 돈으로부터, 예속 상태로부터 자유로운, 어느 누구에게도 간섭받지 않는 그런 인생을 살라고 말합니다.

그렇게 살기 위해서는 자기 자신을 극복해야 합니다. 자기 자신을 극복한 또 다른 차원의 자신을 니체는 '위버멘쉬(ubermensch)' 라고 말합니다. 독일어로 위버는 오버(over)입니다. 멘쉬는 영어로 맨(man)입니다. 오버 맨(over-man), 나 스스로를 극복하는 자, 나 자신을 극복하는 자만이 내 인생을 주인처럼 살 수 있다고 얘기하고 있습니다.

자신을 극복하는 사람, 주인의 역할로 살아내는 사람, 가치를 창조하는 인간, 결단을 내릴 줄 아는 인간, 힘의 의지로 가치를 설정하는 인간, 순수한 아기의 정신으로 새롭게 시작하는 창조적인 인간, 능동적이고 행동할 줄 아는 인간, 허무주의를 깨부수는 초인으로 승화된 나를 만나도록 노력하라는 가르침입니다.

"진정한 자아를 찾아서 떠나라. 아모르 파티(amor fati) 그런 나의 운명을 사랑하라."

행복한 나를 찾아 떠나자

이제 우리는 현명하고 위대한 선택을 해야 합니다. 워런 버핏은 이렇게 말했습니다.

"당신이 잠자는 동안에도 돈이 들어오는 방법을 찾지 못했다면 당신은 죽을 때까지 일해야만 할 것이다."

워렌 버핏이 말한 것처럼 잠자는 동안에도 돈이 나오는 시스템을 여러분은 만들어놓으셨나요? 지금도 늦지 않았습니다.

진짜 성공을 원하십니까? 이 책을 전달한 분과 만나서 상의하시길 바랍니다. 좋은 클릭을 선택하길 바랍니다. 인공지능 AI 혁명 시대가 우리를 위협하더라도 남은 인생을 나의 힘의 의지를 믿고 용기를 내서 세상과 싸워 이겨 진정한 자아를 찾기 바랍니다. 행복한 진짜 나를 만나시기를 진정으로 기원합니다.

이 책을 통해 인공지능 시대에 잉여인간이 되지 않는 방법을 조금이나마 찾으셨기를 진정으로 바랍니다.

성공을 클릭하고 성공한 삶과 연결하라

변화를 조금 더 일찍 알았더라면

예전의 드라마 〈신사의 품격〉에 이런 장면이 나옵니다. 40대 중년들이 젊은 청년 시절 하숙방에 모여서 친구 한 명이 최신 폰인 모토로라 핸드폰을 보여주면서 자랑하듯이 이야기하는 장면입니다.

"야, 어제 이거 꺼내는 순간 여자애들 쓰러지고 난리도 아니었다. 야 야, 살살 만져."

"멋지다. 근데 여기서 조금만 얇고 가벼우면 딱 좋을 텐데."

"야, 여기서 또 어떻게 얇아져."

"왜 저 버튼도 다 없애고 손가락 이렇게 하면 화면도 많이 넓어진다 그러지."

"그 쓸데없는 소리는 일등이지. 왜, 휴대폰으로 TV도 보고 음악도 듣고 서로 얼굴 보면서 통화한다고 그러지?"

"방도 좁은데 TV 확 들어서 벽에 걸어라. 에어컨도 천장에 달고. 야, 너 어제 컴퓨터 본체를 책만 한 두께로 축소시켜서 이렇게 만들면 된다고 했어, 안 했어? 어, 일명 노트북, 그거야."

"차라리 물을 사 먹는다 그래라."

웃자고 한 소리가 세상을 바꿀 수도 있다는 걸, 공상이 곧 혁신의 시작이라는 걸 '좀 더 일찍 알았더라면 부자가 되었을 텐데' 라는 장면이 인상 깊었습니다.

우리는 앞으로 AI 인공지능 시대가 오는 것을 알고 있습니다. 위기에는 곧 기회도 존재합니다. 현명한 선택을 하여 제4차 산업혁명의 변화를 기회로 만들어야 합니다.

고독과 소외의 시대가 가속화

AI 혁명의 여파로 우리 인간은 더욱 고립되는 사회로 넘어가고 있습니다. 빅테크 거대 기업의 플랫폼이 전 세계의 자본을 독식하는 현상은 더욱 심화되고, 빈익빈 부익부 현상이 극한 상황까지 가고 있습니다. 인공지능 로봇의 역습으로 인간은 잉여인간 신분으로 전락할 위기에 처해 무엇을 해야 할지도 모르고 방황하는 사람들이 늘고 있습니다.

최근에는 사회에서 소외되고 고립되어 외롭게 살아가는 사람들이 점점 늘고 있다고 합니다. 희망을 잃고 꿈도 없고 취직도 포기하고 자기 방에서 나오지도 않는 젊은이들, 즉 히키코모리가 일본에만 있는 것이 아니라 우리나라도 약 50만 명 정도로 추산됩니다. 영국에는 '외로움 부' 일본에는 '고독 부' 라는 정부 부처가 신설되었다고 합니다.

지금이야말로 서로의 마음을 이해해주는 포근하고 너그럽고 배려하는 마음이 필요할 때입니다. '서로를 인정하고 위로하고 용서하고 사랑하라' 는 예수님의 말씀을 실천해야 할 때입니다.

그런데 왜 이런 일들이 일어났을까요? 외롭고 고독한 사람이 늘어나는 추세에 있는 것은 고령화도 있지만 대체 가능한 노동력이 쓸모없는 잉여인간이 되어 고립되기 때문입니다. 칼 마르크스가 200년 전에 경제적으로 인간관계론적으로 이런 현상을 예견한 것처럼, 생산물로부터의 소외, 노동 과정의 소외, 인간관계로부터의 소외 현상이 가속화되고 있습니다.

공유의 플랫폼을 만나라

아무리 지금 나가서 열심히 일하더라도 지금과 같은 시스템에서는 경제적 자유를 얻는 것은 요원할 것입니다. '내가 계속 생산물을 만들어내도 내가 부자가 되는 것이 아니라 나를 고용한 사람이 부자가 되는 세상'에 살고 있음을 인정해야 합니다. 자본주의 시스템에서 부자가 되는 유일한 길은 잉여가치에 대한 소유권을 갖는 것입니다.

노동력밖에 없는 보통 사람은 자본이 없기 때문에 자본가가 만들어 놓은 시스템에 들어가 자신의 시간과 노동력이 착취당하는 것을 알고도 참을 수밖에 없습니다. 이런 때 일수록 정신을 차려야 합니다.

어떤 플랫폼이든지 분명히 당신에게 딱 맞는 상생하는 플랫폼이 있을 것입니다. 작더라도 사용 가치에 대한 편리성만이 아니라 이익에 대한 분배권을 주는 플랫폼, 이익과 소유권을 나누어주는 플랫폼을 만나는 일이 중요합니다.

잠시나마 모든 것을 내려놓고 주변을 둘러보시기 바랍니다. 가난을 벗어날 수 없는 자본주의 경제 체제의 특성을 정확하게 이해하고 지금 당장 자본주의의 주인이 되는 방법을 찾아 여행을 떠나셔야 합니다.

더 이상 미루지 마세요. 이제 인생이란 시간이 얼마 남아 있지 않습니다. 시간은 우리를 기다려 주지 않습니다. 무심하게 우리의 사정을 봐주지 않습니다. 우주는 감정이 없습니다. 우리의 의지와 상관없이 그냥 운행합니다. 100만 년 전이나 지금이나 한결같이 무심하게 운행하고 있습니다. 이는 천지무심(天地無心)입니다.

노아의 방주 만들기

이 책을 읽으신 분들은 다가오는 디지털 경제 시대에 살아남으시길 바랍니다. 디지털 경제라는 쓰나미가 오고 있는 시대 변화를 미리 알고 지금 당장 변화의 메시지로 삼아 행동으로 실행하길 바랍니다.

저는 앞으로 디지털 자본주의 시대의 노아의 방주를 만들어서 동참하는 분들을 태워가고자 합니다. 이것이 저의 사명입니다.

우리는 0.1%의 천재는 아니더라도 시대 흐름을 읽고 그 파도를 올라타는 0.9%가 되기 위한 노력은 할 수 있습니다. 미래 잉여인간이 아닌 쓸모 있는 인간으로 거듭나는 노력을 하길 바랍니다.

이 변화의 물결에서 '나도 성공한 인간이 될 수 있다' 는 성공 가능성에 눈을 뜨시기 바랍니다. 저 또한 새로운 디지털 자본주의 시대를 준비하며 상생 플랫폼을 만들어 나눔이 있는 시스템 구축에 대한 구체적인 방안인 '노아의 방주 프로젝트' 를 본격적으로 시작했습니다. 여러분과 동업자가 되어, 같이 주주가 되어 플랫폼을 소유한 소유자로서의 삶을 살도록 만들어보고자 합니다.

국가 차원에서도 인공지능 AI 발전에 따른 위험을 제대로 인지하여 안전한 사회적 장치를 구축하고 대책을 마련해주길 간곡히 희망합니다.

정북향의 법칙

마지막으로 성공에도 정해진 법칙이 분명히 있다는 것을 기억하길 바랍니다. 성공의 정북향의 법칙은 '북쪽은 이미 정해져 있다' 는 뜻으로, 성공의 원칙만 알면 누구나 성공할 수 있다는 것입니다. 일체유심조(一切喩心造), 즉 성공이 마음먹기에 달려 있다는 뜻입니다.

성공이란 인생의 주인이 되겠다는 마음을 먹는 것입니다. 내 인생의 주권을 타인과 자본가에게 빼앗기지 않는 것, 내가 원하는 삶을 살 수 있는 선택권을 내가 갖는 것, 그리고 내 시간을 나를 위해 자유롭게 쓸 수 있는 자유인(自由人)이 되는 것입니다.

윈스턴 처칠은 이런 말을 했습니다.

"비관주의자는 매번 기회가 찾아오더라도 고난을 본다. 낙관주의는 매번 고난이 찾아와도 기회를 본다."

여러분에게도 인생 2막을 준비할 수 있는 절호의 찬스가 왔습니다. 이 기회를 놓쳐서 잉여인간이 되시겠습니까, 아니면 플랫폼을 소유하여 자기 인생의 진짜 주인으로서 성공한 인생을 열어 가시겠습니까?

성공은 마음먹기에 달려 있습니다. 여러분의 현명한 판단과 용기를 기대하며 이야기를 마칩니다.

이 책을 사신 분은
잉여인간이 안 될 확률 50%

이 책을 읽은 분은
잉여인간이 안 될 확률 80%

이 책을 전달한 분과
미래를 준비하는 분은
잉여인간이 안 될 확률 100%

함께 읽으면 좋은 **도서**

4차 산업혁명의 패러다임
장성철 지음
248쪽 | 15,000원

미래예보
정호준 지음
280쪽 | 20,000원

이제 길이 보입니다
최원락 지음
272쪽 | 21,000원

씽킹 파트너
이석재 지음
364쪽 | 22,000원

행복한 노후 매뉴얼
(2022 세종도서 교양부문 선정)
정재완 지음
500쪽 | 30,000원

네트워크 비즈니스 어떻게 하면 잘할 수 있을까
강형철 지음
256쪽 | 11,000원

함께 읽으면 좋은 **건강 도서**

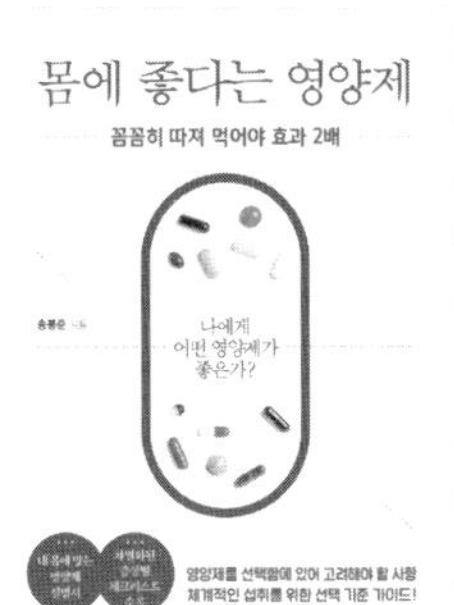

몸에 좋다는 영양제
송봉준 지음
320쪽 | 20,000원

Detox
평생 병 없이, 약 없이 건강한 몸으로 사는 관리 노하우
해독요법
내 몸의 독소 배출 제대로 하면 더 건강하고 젊어진다!
모아북스

해독요법
박정이 지음
304쪽 | 30,000원

건강하게 살고 싶다면 디톡스
황병태 지음
240쪽 | 20,000원

자기 주도 건강관리법
송춘회 지음
280쪽 | 16,000원

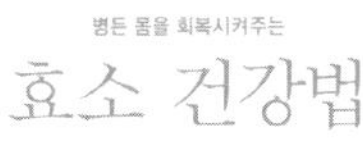

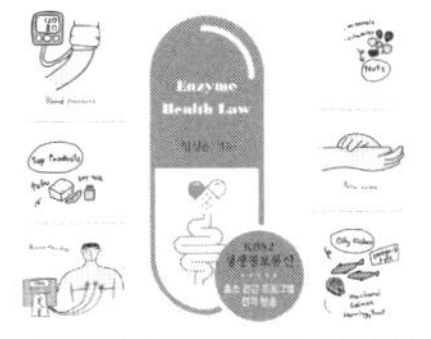

《효소, 내 몸을 살린다》 열풍을 불러온 저자의 건강 프로그램과 치유경험!
효소를 통해 독소를 내보내고 내 몸을 건강하게 채우는 법
모아북스

효소 건강법 (개정판)
임성은 지음
264쪽 | 15,000원

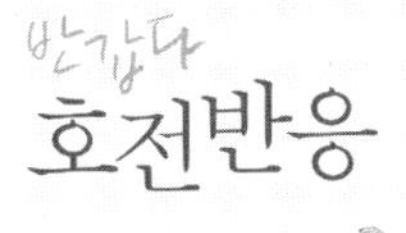

반갑다 호전반응
정용준 지음
108쪽 | 7,000원

포스트 AI 시대 잉여인간

초판 1쇄 인쇄 2025년 01월 22일
2쇄 발행 2025년 02월 05일

지은이 문호성
발행인 이용길
발행처 모아북스 MOABOOKS

총괄 정윤상
디자인 이룸
관리 양성인
홍보 김선아

출판등록번호 제 10-1857호
등록일자 1999. 11. 15
등록된 곳 경기도 고양시 일산동구 호수로(백석동) 358-25 동문타워 2차 519호
대표 전화 0505-627-9784
팩스 031-902-5236
홈페이지 www.moabooks.com
이메일 moabooks@hanmail.net
ISBN 979-11-5849-263-2 03320